KB253165

해체냐 해탈이냐

해체냐 해탈이냐

 모든 인간은 하나님의 형상을 닮은 존엄한 존재입니다. 전 세계의 모든 사람들은 인종, 민족, 피부색, 문화, 언어에 관계 없이 존귀합니다. 예영커뮤니케이션은 이러한 정신에 근거해 모든 인간이 존귀한 삶을 사는 데 필요한 지식과 문화를 예수 그리스도의 사랑으로 보급시킴으로써 우리가 속한 사회에 기여하고자 합니다.

해체냐 해탈이냐

지은이 · 이동연
초판 1쇄 찍은날 · 2000년 1월 27일
초판 1쇄 펴낸날 · 2001년 2월 3일
펴낸이 · 김승태
편집 · 이상윤
등록번호 · 제2-1349호(1992. 3. 31)
펴낸곳 · 예영커뮤니케이션
　　　　110-616 서울 광화문 우체국 사서함 1661
　　　　유통사업부 T. (02)830-8566 F. (02)830-8567
　　　　출판사업부 T. (02)2264-7211 F. (02)2264-7214
　　　　E-mail: jeyoungedit@chollian.net

ⓒ 2000, 이동연
ISBN 89-8350-643-1　03100

값 5,800원

■ 잘못 만들어진 책은 언제든지 교환해 드립니다

해체냐 해탈이냐

이동연 지음

예영커뮤니케이션

머리말

역시 이상과 현실은 언제나 같을 수는 없는가? 아니 차라리 이상은 현실의 승리를 위한 명분으로만 작용하는 것인가? 어차피 인류의 문명이 커뮤니케이션이라는 수단을 통해서 발전되었다고 한다면 타인의 지적에 대한 자기 존재의 변호를 위해 철학이나 종교의 교리도 발전한 것인가?

그럼에도 철학이나 종교의 가치가 자기 변호만의 목적이 아닌 모든 존재의 유익을 위한 것이어야 한다면 적어도 오늘의 우리 좌표는 분명히 잘못 설정되었다.

필자는 신학 수업을 마치면서 절대 진리에 대한 확신을 품고 목회 현장을 접하였다. 그러나 매일 깊은 신앙을 가진 사람들과의 만남에서 그 신심의 깊이만큼이나 깊은 유아독존을 발견하면서 깊은 회의에 빠졌다. 고귀한 진리를 매일 들으며 진리를 알고 있다고 하는데 그 앎이 보편적인 것이 아닌 주관적이거나 당파적 앎임을 보면서 도대체 왜 이런 현상이 빚어졌을까를 고민하게 되었다.

결국 이처럼 경전의 기본 방향과 한국 종교인들의 방향이 불일치를 이루는 것은 작금의 문제라기보다는 보다 더 깊은 뿌리 곧 한국적 종교 심성에 있음을 깨닫게 되었다.

물론 한국인의 본래의 종교 심성이 다 나쁘다는 것은 아니다. 오히려 삼국시대부터 있어 온 여러 종교의 축제는 권선징악적 요소, 자연을 두려워하며 자기의 행위를 반성하는 일, 사회 자원의 재분배 기능 등 마을과 국가 전체의 안녕을 위한 행사였다. 그러나 사회 통합의 순기능적 요소들은 점점 적어지고 오직 주술적이며 개인 중심의 역기능적 요소가 증대하였다.

거기에 60년대부터 시작한 경제 발전의 논리에 편승하여 경쟁의 논리를 도입하고 대형화와 물신주의의 우상에 빠져들면서 효율적이지 못한 가치, 봉사, 자기 나눔이나 변혁 운동 등은 다 뒷전에 물러나게 되었다. 그러다가 정보화와 생명 창조라는 시대 조류가 더 이상 종교의 성역을 인정하지 않는 상황을 초래하였다.

예전에는 종교가 가진 신성함이 인간의 심성에 자리하고 있어서 종교가 그 기능을 다하지 않아도 종교를 따랐으나 이제는 그 신성함을 과학이 침투하여 해부하고 있기에 종교가 본래의 기능을 회복하지 않고는 존립하기가 어려워졌다.

오직 신만이 그 답을 줄 수 있었다고 했던 생명이 더 이상 신비하지 않고 단순한 물리—화학의 작용뿐이라는 분자생물학의 견해와 인간의 수명까지 인위적으로 연장해 가는 현실 앞에서 기존의 규범이나 형이상학, 법, 윤리 등이 새로 짜여질 것을 요구받으며 종교 역시 그 근본마저 흔들리는 존재 상실의 임계점(臨界點)에 도달했다.

태초의 에덴동산에서 가치를 분변하는 선악과를 따먹고 또 영생하는 생명과 나무를 따먹으려했던 시도를 또다시 시도하면서 이번에는 인간의 영생뿐 아니라 기계를 인간화하는 새로운 종(種)의 출현까지 예상되고 있다.

따라서 이제는 더 이상 종교나 모든 규범이 자기와 다른 모든 것을 타자로 설정하고 다툴 시간이 없다. 아직은 그래도 신의 존재와 그 필요성이 요구되고 공감하는 형이상학을 인정할 때에는 서로 경쟁 할 수 있었으나 신의 존재가 부정되고 인간의 정체성이 부정되는 상황에서는 경쟁할 기반마저 사라지는 것이다.

그러므로 이 시대의 위기를 넘어서기 위해서는 단순히 하드웨어의 변화만 주목하지 말고 그 안에 내포된 소프트웨어의 변화, 즉 사람들의 사고의 변화를 짚어내어 지금까지 인류를 묶어주었던 몇 마디의 키워드로 요약되는 거대 담론은 사라졌다는 것을 인정하고 새로운 길을 닦아야 할 것이다.

그 길은 신석기와 함께 시작된 농경 사회로부터 지금까지 우리네 정신의 터전이었던 익숙한 자리를 버리고 가야 할 낯선, 아주 낯선 길이다.

물론 이때 종교는 시대를 초월해 관통하는 존재의 목적에 대한 통시적(通時的) 기반을 찾고, 그 위에 역시 한 시대나 어느 특정 부류에게만 유용한 것이 아닌 모든 구성원이 함께 공유할 수 있는 열린 중심 가치를 세우고 소아에서 벗어나 우주적 자아를 바라볼 수 있는 새로운 길을 모색해야 한다.

이 『해체냐, 해탈이냐』가 하나의 기폭제가 되어 기존의 모든 종교나 삶의 원리에 대한 논의가 활발해지기를 기대하며 덧붙여 미래를 불안한 눈으로 바라보는 모든 이에게 나아갈 지표를 발견하게 해주며 평안을 주는 하나의 나침반이 되기를 소원한다.

추천사

　제가 신뢰해 온 이동연 목사님이 1999년부터 2년 간 CBS 라디오의 '21세기와 평신도 대학' 에서 강연했던 좋은 내용들을 모아 한 권의 책으로 출간한다는 소식을 접하고 매우 기쁜 마음이 들었습니다.

　목사님은 이번에 출간하는 『해체냐, 해탈이냐』에서 지금의 4대 문명의 발상지에서 함께 출발했던 종교인들이 그 창시자의 본연의 의도를 회복해야 한다는 점을 강조하고 있습니다.

　산업 사회가 고도화되고 물질 문명이 발달하면서 우리 주변에는 참으로 이해하기 힘든 왜곡된 종교 현상이 빈번하게 일어나고 있으며 이로 인해서 고통받는 사람들이 많이 생겨나고 있는 것이 현실입니다.

　이런 현실을 직시하고 그 원인을 냉철히 분석하여 올바른 내안을 세시하고자 하는 노력은 매우 시의적절하며 우리 나라의 종교 발전에도 긍정적으로 기여하리라 봅니다.

　이 목사님의 이런 노력이 좋은 결실을 맺기를 기원합니다.

　김학준(동아일보사 편집논설상임고문, 한국교원단체총연합회 회장)

차례

프롤로그

1. 황금과 깡통

옛날 한적한 시골 동리에 한 거지가 살고 있었다. 이 거지는 초라한 생활을 하면서도 마음에 위로를 삼고 있는 소망이 있었는데, 그것은 우연히 만난 현자(賢者)가 예언해 준 자신의 운명에 대한 것 때문이었다.

그 예언에 따르면 그 거지에게 언젠가 굉장한 행운이 올 것이며 그 기회를 잘 활용하면 그 순간부터 멋있는 신세계가 펼쳐질 수 있다는 것이었다.

그 날도 늘 하던 대로 동냥을 끝내고 피곤한 몸을 이끌고 움막으로 돌아오던 중에 어둑한 길목 한가운데에서 반짝이는 물체를 보고 호기심에 다가간 거지는 그것이 커다란 금덩어리임을 알고 기절초풍할 뻔하였다.

"야, 이것이 바로 그 현자가 예언한 행운이구나! 이제 나의 인생도 이 금과 같이 빛나겠지."

누구 보는 사람이 없는지 둘러보고는 얼른 그 커다란 금덩어리를 가슴에 안고 움막으로 돌아온 거지는 너무 기뻐 잠을 잘 수가 없었다. 그렇게 몇일을 황홀한 기분으로 보낸 이 거지에게 새로운 걱정이 생겼다.

"이제 이 금덩어리로 무엇을 할 것인가?

자신이 태어난 후 처음으로 자신의 인생과 미래에 대해 고민을 하기 시작한 이 거지에게 미래에 대한 설계는 결코 쉬운 일이 아니었다.

몇 날, 몇 달을 고민하고 갈등하던 이 거지는 드디어 결정을 내렸다. 자신의 미래를 바꿀 수 있는 이 중요한 기회에 과연 무슨 결정을 내렸을까? 그것은 커다란 금깡통을 만드는 것이었다.

가볍게 웃을 이야기가 아니다. 아무런 준비 없이는 어떤 기회가 주어져도 활용할 수 없을 뿐 아니라 더 '생각의 사치'만 남게 된다. 설령 그 금을 이용할 준비가 되어 있다고 해도 바르게 쓸 수 없다면 '사치의 허무'만 남게 될 것이다.

오늘날 우리들은 이러한 절호의 기회를 이용할 준비는 열심히 하고는 있으나 모두에게 유익하도록 활용할 준비에는 관심을 갖지 못해 왔다.

우리 앞에는 갑자기 찾아오는 황금덩어리와 같은 미증유(未曾有)의 기회는 계속될 것이다. 이 기회는 두 가지의 준비를 요구한다. 하나는 개인의 생존에 필요한 테크닉 그리고 다른 하나는 지구촌 모두가 공존할 가치에 대한 통찰력이다.

그러나 인류는 지금 삶의 원칙인 가치관이 붕괴되는 충격에 휩싸여 있다. 그것은 패러다임의 급속한 변화 때문이다. 한 시대를 구성하는 가치관의 총체라고 할 수 있는 패러다임이 과거에는 수 백 년이 걸려 완만히 변화했으나 지금 불과 몇 년만에 바뀌고 있다.

산업혁명이 한참일 때의 화두는 "변화를 선취할 것이냐? 변화를 당할 것이냐?"였다. 그런데 지금 우리 앞에 불고 있는 변화의 바람은 산업혁명 시기의 10배 정도라고 한다. 산업혁명의 물결은 뒤늦게라도 각성하면 후발주자도 그 파고를 넘을 수 있었으나 이제 계속 다가오는 격랑의 파도는 '적자생존(適者生存)의 원리'를 다시 냉혹하게 보여줄 것이다.

그러나 우리가 적자생존만을 요구하는 흐름을 지금과 같이 이기적으로만 따라 가면 결국 적자들마저도 지금까지의 인류와는 다른 전혀 새로운 최적자(最適者)에게 밀려나게 된다.

독일 사회학자 울리히 벡의 『위험사회론』이 바로 그 가능성을 암시한
다. 그는 현대 사회에서 살아가는 인간의 모습을 '문명의 화산(火山) 위
에 사는 것'으로 비유한다. 산업혁명 후 인류는 과학·기술을 발전시켜
자연을 정복함으로서 외형적으로 큰 발전을 이루었다. 이러한 근대화는
사회 내의 위험을 확산시켜 왔고 위험의 성격을 우연적 위험에서 구조적
위험으로 변모시키고 있다. 현대 사회가 안고 있는 복합 위험 사회의 면
모는 끊임없이 터지는 대형 사고를 통해 입증된다.

이제 펼쳐질 나노 테크놀로지나 탄소 기반의 뉴런(신경 단위, neuron)
을 사용하는 인종을 개발해 활용하는 일이 손쉬워지면 비정상적인 소수
의 천재들만으로도 곧 인류 전체를 화산 위에 올려놓을 수도 있게 된다.

마지 그리스 신화의 이카루스처럼 기술의 약속만을 쫓아가다가 모두
가 파멸하는 위험을 맞게 될 수도 있다. 이카루스는 땅의 중력에 붙들려
있을 수밖에 없는 그의 운명에서 밀랍으로 만든 날개를 달고는 완전히
해방되었다고 믿고 비상(飛上) 그리고 또 비상을 하며 완전한 해방을 얻
었다고 생각한 그 순간 태양의 열에 날개가 녹아 자신의 본래 자리로 추
락하고 말았다.

따라서 인류는 지금까지 개인 보존과 번영에 급급하였지만 앞으로는
인간의 한계를 해방시키려하는 기술에 인격을 불어넣지 않으면 오히려
인류 전체의 안녕이 위협받는다는 것을 깨닫고 지구촌 단위의 새로운 패
러다임을 마련해야 한다.

이제 지구촌 사람들은 한 손은 개인의 생존을 위해서, 다른 한 손은 타
인의 손을 붙잡고 인간이라는 종의 온전성을 지키며 계속 만물의 영장이
라는 자리를 지켜가야만 하는 시기가 되었다.

2. 감동의 와해

세계는 지금 무한 경쟁의 시대를 맞고 있다. 부가가치를 가진 새로운 지식의 습득에 공동체와 개인의 미래가 달려 있다고 생각하고 긴장의 분위기 속에서 모두가 필요한 정보를 찾기에 열중이다.

역사는 창조적 소수에 의해 이끌려 간다는 토인비의 언급에서도 알 수 있듯 미래의 주역은 변화의 주도권(initiative)을 누가 선취하느냐에 있다.

확실히 이제는 평이한 시간(aion), 연대기적 시간(chronos)이 아니라 결정적 결단이 요구되는 시간(kailos)이다. 역사 변동은 가속화되며 총체적이 되고 있다. 이전에는 변화가 일국면(一局面)에 한정되어 있었다. 예컨대 16세기를 상업(商業)혁명의 시대, 17세기를 과학혁명의 시대, 18세기를 지성혁명의 시대, 19세기는 산업혁명의 시대였다. 이에 비해 오늘의 변동은 정치, 경제, 교육, 윤리, 가치, 사상 등 모든 삶의 영역에서 동시적(同時的)이며 지구촌화의 성격을 띠고 있다.

그래서 현대는 지구촌적인 급속한 변화가 질적으로 일어나기에 미래의 변화를 낙관해야 할지, 혹은 비관해야 하는지에 대해 전혀 예측할 수 없는 불확실성의 시대이다.

생물 기술과 정보 기술이 나란히 21세기 쌍두마차격의 주도 기술로 자리하고 있어 상상을 초월하는 미래 기술에 대한 예측이 쏟아지고 있다. 탁월한 상상력의 작가들이 그린 SF 속의 이야기들이 그대로 현실로 옮겨졌고 앞으로는 더욱 극적으로 전개될 것이기 때문이다.

이러한 인간의 단기 예측은 비교적 잘 들어맞았지만 장기 예측(수십 년)의 경우는 인간의 기술 예측보다 실제 기술 발전이 훨씬 앞서 가는 경향을 띤다.

이제 기술은 마르크스가 말한 "자연 속에서 인간의 활동 공간을 넓혀 주는 인간 육체의 연장물"의 도구적 성격을 넘어 과학을 흡수하여 자연에 대한 보편적인 힘을 얻게 되었다. 이미 기술은 우주에 존재하는 모든 대상은 물론이고 모든 생물의 중심으로 여겨져 온 인간 속으로 들어가 인간을 마음대로 조작할 수 있게 되면 자연에 대한 기술의 지배는 '완성' 되는 셈이다.

유전 공학은 새로운 인간 유전자 조작 기술만을 내놓은 것이 아니라, 정보 공학과 결합하여 인간을 단순한 고등 정보 처리 기관으로 보는 새로운 인간관을 낳았다. 이때는 종(種)의 온전성은 해체되고 각각의 생물은 DNA가 임의로 조작될 뿐이다. 지금까지 생물학의 클론 기술은 살아 있는 동물에서 잃은 난세포와 핵을 가지고 추진했다. 그러나 현대의 생물학에서 '생물의 합성'이라고 할 때는 생물에서 추출하지 않고 산 세포를 손에 넣을 가능성을 가리키고 있다.

물체를 원자와 분자 수준에서 분해하여 재조작하는 나노 기술은 '모든 물질은 소프트웨어'라고 주장하면서 인간의 세포나 유전자도 결국 수많은 분자의 조합체로 본다.

기술의 진보가 가져다주는 인간 해체의 상황을 우리는 어떻게 보아야 하는가? 과학은 생명과 비생명의 경계마저 허물 조짐을 보이며 대체 종교의 색채까지 띠면서 기존의 형이상학이나 종교의 신비 영역을 와해시키고 있다. 그런데도 가장 민감해야 할 인문학계나 종교계에서 많은 관심 보이고 있으면서도 정작 그 대응책은 내놓지 못하고 있다.

종교계는 인간 복제는 "창조주의 고유 영역에 도전하는 행위"라는 반응과 생명 복제 실험에 대한 반대 입장을 표명할 것을 촉구하고 윤리적인 가이드라인 정도만 제시하고 있을 뿐이다.

그러나 과학의 영역은 인간의 끝없는 탐구욕과 절박히 필요로 하는 사람들의 추구가 함께 하면서 계속 심화될 것이며 현실로 나타날 것이다. 더불어서 인간의 가치 체계를 철저히 이 세상적인 것으로 유도하는 문화가 극에 달할, 21세기에 우리는 이미 정태적인 엔트로피로 가득차 있는 기존의 사유 체계에 어떻게 새로운 활성 에너지를 불어넣을 수 있을까? 절대 진리를 담보하는 신의 초월성을 어떻게 증거할 수 있을 것인가?

정보화 사회에서는 대량 생산의 원리가 붕괴되고 다품종 소량 생산으로 탈동시화가 진행되면서 인간 관계도 기능적·필연적 관계로 나아간다. 기존의 가정 개념은 유물로 남게 되고 다양한 가족 형태가 등장해 사회가 더욱 개인 단위로 된다.

새로운 세대는 하이퍼 미디어의 특징인 비선형적 사고를 하게 되며 교통과 가상 공간의 발달로 유목민적이며 해체적 사고를 갖고 산다. 사이버가 묶어주는 지구촌은 자본의 이동이 즉자적(卽自的) 생산을 위한 것이 아닌 재테크를 중심으로 신속하고 광범위하게 진행되어 빈부의 차가 심화되고 고착화되는 부정적 현상도 나타난다.

기존의 절대 명제, 윤리적 진술 등의 사회적 합의가 점점 카오스화되어 간다. 그것은 기존 명제들의 '본질적 나쁨'이 아니라 상이한 콘텍스트가 요청하는 '신(新) 방식'을 수용하지 않았던 경직된 '폐쇄성'에서 비롯된 것이다. 기존 명제의 본질이 새로운 세대를 바르게 포섭하기 위해서라도 본질을 유연하게 개방하여 새 방식을 수렴해야 함을 뜻한다.

그래서 인간이 상상하기조차 어려운 신세계의 핵심을 파악하기 위해서는 하드웨어보다는 소프트웨어 특히 바이오 테크놀로지 속에 숨어 있는 무형의 논리적 변화를 읽어내는 것이 중요하다. 자칫 복제 인간이 태어나는 것을 필두로 생명의 경계가 무너지면서 우리를 지탱해왔던 윤리적 기반이 송두리째 무너질 위험 앞에 우리는 서 있다.

이제 기존의 종교들 중 고등 종교(高等宗敎)의 대부분이 그 기반을 상실할 위험에 처해진다. 석가모니는 사고(四苦)－생로병사(生老病死) －를 인간의 문제로 보고 여기에서의 해탈을 요구하였다. 물론 이때의 고(苦)는 제반의 모든 생명 문제를 가르키지만 한국처럼 기복적(祈福的) 분위기에서는 감각적이며 육체적 고통만을 의미하는 것으로 받아들여진다. 그래서 생명 기술로 감각적인 고통이 사라지면 육체적인 의미에서는 해탈이 이루어지고 만다

성경도 역시 인류의 출발점으로 삼고 있는 창세기의 창조 신앙과 타락 후의 잉태의 고통이라는 부분이 그 현실적 설득력을 잃어버리게 된다.

즉 성경에서 생명의 창조는 하나님의 고유 권한이며 원죄의 대가로 남자에게는 땀 흘려 일하는 노동의 수고와 함께 여자에게는 산고(産苦)의 고통을 주셨다고 했는데 과학 기술은 잉태하지 않고 자녀를 출산하며 실험실의 조작으로 생명을 얼마든지 탄생시키려 한다.

그런 면에서 종교가 신앙을 확산시키며 유지시키려는 하나의 방편으로 예전처럼 신의 절대성과 인간의 무력성이라는 측면에서만 접근하려고 한다면 현대인에게는 아무런 감동을 주지 못할 것이다.

3. 해체냐 해탈이냐

　서구 기독교 신학의 주된 관심은 신과 인간의 관계였다. 이는 서구 철학의 요청에 대한 응답이기도 하여 철학하는 주체인 "인간의 실재가 무엇인가"에 집중되었다.

　인간의 개인 구원이야말로 기독교가 존재하는 유일한 이유가 되었고, 이를 위해 치밀한 교리가 수립되었다. 휴머니즘에 기초한 서구 정신의 사조가 신학에 자연스럽게 수용되면서 공동체보다는 개인의 마음에 초점을 맞췄다.

　한국에서는 봉건 체제에서 근대 체제로 넘어오면서 압축 성장에 몰두하여 정신의 근대화를 유보당한 채 바로 탈근대로 접어들었다. 가난에서 탈피하는 일이 최우선이었던 시절 "잘 살아 보세"라는 한 마디 앞에 개인의 자유와 계몽된 이성을 철저히 경험하지 못한 채 지배 권력에 기대어 근대를 다 보냈다.

　이 시기의 종교들도 예외가 아니어서 신도의 주체적 각성보다는 '부요'를 만족시켜 준다는 조건을 제시하며 거대 집단을 이루었다. 즉 "잘 살아 보세"라는 구호와 열기에 편승함으로 양적 팽창을 이루기는 했으나 종교의 본질은 퇴색한 양면을 갖게 되었다. 결국 종교 과소비국이라는 평가를 받고 있는 우리 나라의 문화가 타 문명보다 더 심각한 에고이즘의 모습을 갖게 되었다.

　한때는 일부이기는 하지만 개화와 계몽의 선구였고, 가난과 고통의 반려였으며 정의와 평화의 상징이기도 했던 교회는 금세기 나름의 사회적 가치와 지분을 선명히 했던 것이 사실이다. 그러나 이제 그 어느 쪽의 가치도 선명히 하지 못한 채 시대적 흐름과도 불협화음을 발하며 존재할 공간을 마련하려 배회하고 있다.

　신이 아무 것도 해줄 수 없다고 생각하는 시대에서 종교의 존립 가능성은 오직 기술이 주지 못하는 삶의 규범에 대한 갈증을 해소시켜 주며 그 사회에서 살아갈 '인간'의 정체성을 새롭게 조망하여 시대의 흐름과는 무관한 보편타당한 가치를 제공해 줄 수 있느냐에 달려 있다. 어느 종교든지 건진하다면 해탈이나 거듭남을 그 이상으로 하면서 개인적 욕구나 집착에서 벗어나 인간 사회의 갈등과 아픔을 구원하는 일에 관심을 갖는다.

　그럼에도 인류의 제반 문제에는 별 관심이 없고—관심이 있다고 해도 부차적인 수준—오직 개 교회 출석과 개인의 신앙 고백에만 몰두하면서 오히려 사회나 인류공동체의 화해에 관심을 갖는 것에 방해가 될 정도로 독선적이며 자기 중심적인 형태를 계속 고집한다면 추기경이며 윤리학자인 뉴맨(Newman)의 지적인 "한 사람의 영혼이 짓는 매우 경미한 죄라도 온 세상의 온 인류가 굶주림과 고통 속에서 멸망하거나 해와 달이 떨어지는 것보다도 더 나쁘다"는 결과를 초래할 것이다.

　그 징후는 캐나다의 교회가 집단 소송에 휘말려 선교의 기반을 상실할 위기에 처한 것을 보아도 감지할 수 있다. 교회가 캐나다에 선교할 때 원주민에 대한 박해, 교회가 세운 학교에서의 성추행 등을 보상하라는 판결이 내려졌다.

　한국의 종교 역시 그동안의 칸막이 의식을 계속견지하고 오직 개인의 구원과 개인의 야망에만 매달리면 세상의 '고립된 섬'으로 남게 되며 점점 종교가 제시해야 할 생명 고통의 해탈이 아닌 생명 고통의 일시적인 마취로 없는 것만도 못한 일탈 집단으로 남게 될 것이다.

아무리 고고한 소리를 외치고 거룩한 모임이라고 자칭(自稱)해도 세속과 다른 모습을 보이지 않는다면 기성 종교에 대한 환멸은 더 늘어가며, 세상을 구원하려 하기 전에 먼저 자기 종교부터 구원하라는 비아냥을 들을 것이다.

그러므로 강단 위의 강론이나 설교가 강단 아래에서의 삶으로 나타나지 못할 때는 회중들에게 상처를 주어 더욱 극렬한 반 종교주의자를 만들 수 있기에 차라리 선교하지 않는 것이 종교의 미래를 위해 유익하다.

물질보다는 정신의 가치를 말하면서도 물량주의로 치닫고 있으며 금권과 폭력을 동원해 선거를 치른다거나 교회를 사기업처럼 생각하여 세습을 시키며, 편법으로 자리를 물려주거나, 연줄과 간판으로 자기 사람 심기를 시도하고, 같은 교단끼리도 교인 수 확보를 위해 온갖 물량을 동원하여 호객 행위를 하는 일은 정말 종교인지 아니면 완전히 내놓고 하는 장사인지 구분이 안 된다. 혼신을 다해 번 돈으로 드린 헌금을 물 쓰듯 하며 많은 월급과 차종(車種)으로 성직자의 서열이 매겨지는 일들은 이제 종교가 해체의 임계점에 달했음을 보여준다

세계 최대 교회 중의 하나에서 목회자 세습의 일로 일어난 한밤의 구타사건, 방송과 인터넷 등에 날마다 나오는 교계를 질타하는 소리는 이제 무감각할 정도이다.

한때 구도자였다가 환속한 김성동의 자전소설 『만다라』의 마지막 장면에는 "어떤 미친놈이 도를 깨우칠 수 있다 하여 이 길을 걸어왔는데 그놈 때문에 내 인생 망쳤다"는 태도를 보이며 하산해 창녀촌을 찾는 모습이 어디 그뿐이겠는가?

이제는 종교가 인간고를 해결하는 해탈과 거듭남을 제시하는 사회의 순기능적(順機能)적 존재로 남느냐, 아니면 일탈의 문제만 야기하는 사회의 역기능(逆機能)적 존재로 그저 구원의 사업가로 남느냐는 종교의 원색(原色)을 찾느냐에 달려있다.

마치 종교의 창시자들이 그 시대가 주는 세속의 부와 명예를 애써버리고 사람들이 찾지 않는 좁은 길을 찾아갔듯이 이 시대의 지도자라 불리는 사람들이 그 길을 다시 조명하여 입술의 가르침으로만 끝내지 말고 그 길을 몸으로 담보할 때에만 현대 사회에서 종교가 해탈의 가능성을 보여줄 수 있다.

현존하는 소위 세계 종교의 교리들이 수천 년 동안 인류의 지성을 밝혀주며 양식을 바르게 해주었다는 데 이의를 제기할 순 없다. 그러나 지금부터 새로운 사고의 패러다임 전환이 일어나면서 더 이상 인류에게 정신적 자양분이 되기보다 족쇄로 작용하는 양상이 나타날 것이며 변방으로 밀려날 운명에 처해있다.

여기서 탈출하는 한 방도는 각 종교가 그동안 나만의 절대적 진리를 은밀히 가진 인상을 주면서 단선적인 하달 방식에 익숙한 구태를 벗어야 한다.

그리고 새롭게 대두하는 문화의 속성을 깊이 들여다보면서 모든 속성의 흐름을 종교의 영역 속으로 내포시키려는 성실함이 필요하다.

새로운 시대는 기왕의 종교가 해탈(解脫) 또는 신생(新生)의 길이라고 제시했던 그 내용에서 해탈 즉 재 해탈화하는 작업이 필요하며 이는 각 종교의 경전의 원 의미를 되찾는 길이기도 하다.

흔들리는 터전

1. 어색한 정황

미래학자이며 세계 미래학회장이었던 코니쉬(E. Cornish)는 인간의 지능을 수천 배로 확대해 줄 인공 지능의 개발과 유전 공학 기술의 발전으로 미래를 향한 변화는 과거의 산업혁명과 종교개혁을 합친 깃의 10배 규모로 한 세대 안에서 일어날 것이라고 하였다.그런 의미에서 현대는 격동적 변화의 시기이며 변화의 속도와 양이 과거에는 한 분야의 기술 혁신이 달성되는 데 25년이 걸렸으나 이제는 24시간에 한 가지씩 기술 혁신이 일어날 만큼 대변화의 시기이다.

사회의 대변화는 모든 지층(地層)을 흔들며 가장 저변에서 권력의 상층까지 대변혁이 이루어진다. 이러한 새로운 삶을 향한 총체적 대변혁은 인간의 심리적 변화는 물론 기존의 보편 윤리들, 그리고 신학의 절대 명제들마저 흔들리고 있다. 한 마디로 인류가 딛고 살아온 정신의 터전이 흔들리고 있는 것이다. 이러한 기존 명제의 흔들림은 카오스(chaos)라는 단어로 설명될 수 있다.

카오스는 1963년에 기상학자인 에드워드 로렌츠에 의해 많은 관심이 모아졌다. 로렌츠는 대류(對流)현상을 다루는 단순화 모델을 연구하고 있었다. 그는 대기현상을 설명하기 위하여 기압과 풍속 등을 나타내는 방정식을 만들어 컴퓨터로 시뮬레이션하였다. 이 과정에서 그는 .50617

이라는 입력자료를 출력과정에서는 인쇄분량을 줄이기 위하여 .506만 나타나게 하였다. 1000분의 1정도의 오차는 의미가 없다고 생각하여 반올림한 세 자리 숫자만 입력한 것이다. 그런데 출력한 결과는 예상 밖의 것이었다. 무시하여도 좋을 것 같았던 소수점 세 자리 이하의 차이가 증폭되어 다른 일기예보를 가져올 정도로 큰 차이가 된 것이다.

로렌츠는 그 실험 결과를 토대로 놀라운 상상을 했다. 지구상의 어느 한 곳에서 나비가 파닥이면 그 결과는 폭풍으로 바뀐다는 것이며 이를 나비효과(butterfly effect)라고 명명했다. 주어진 조건 그 초기의 값이 아무리 비슷하여도 그것이 완전히 일치하지 않는 한 전혀 다른 결과를 가져 올 수 있다는 이 현상을 학자들은 "초기 조건에 대한 민감한 의존성" (sensitive dependence on initial condition)이라고 한다.

작은 초기의 조건이 시간이 흐름에 따라 일상의 현상을 카오스화시키는데 오늘날 삶의 조건은 광속으로 변하고 있어서 단지 생활 양식 정도만 변하던 예전과는 달리 인간 존재의 기본 터전이라 할 수 있는 인간이해, 삶의 관계 양식, 인류가 묵시적으로 합의하고 살아가는 우선 순위 등이 흔들리고 있다.

과학의 발달은 사회를 거대한 기구로 바꾸어 버리고 인간을 인격성(personality)에 따라 대우하기보다는 그 기능(function)에서 대우하게 되었다. 자기가 속하고 있는 조직 속에서 남보다 앞서기 위해서는 자기존재를 포기해야 한다. 정보 기술은 인간 생활의 기반이 되고 있는 가정을 해체하고 결혼을 편의적인 성관계로 환원하여 사랑과 신뢰의 연결을 상실케 한다.

이처럼 모든 것이 기능과 능률로 환원되고 있다 해도 역사가 단절되는 것이 아니기에 모든 것을 무시하고 무(zero-base)에서 출발하기는 어렵다. 그러나 먼저 우리가 갖고 있는 기존의 패러다임이 절대적인 것이 아니라는 것은 인정하고 이 패러다임의 기초 위에 서 있는 규범, 그 규범을 타당하게 했던 종교가 가르쳐 온 인간의 정체성, 그 종교를 확산시키는 방법 등에 대해서 다시 돌이켜 보고 새로운 방향을 모색하고자 한다.

사실 카오스가 무질서하고 불규칙한 것 같아 보이지만 오히려 그 내면에는 규칙과 질서를 가지고 있다. 다시 말해 카오스는 내재하고 있는 새로운 질서를 드러내는 창조적 생성의 과정으로 보고 낡은 지각(地殼)을 벗겨내고 인류 공통의 합의에 기초한 새로운 토대를 구축하는 기회를 삼을 수 있다.

새로운 시대의 변천이 전혀 다른 사고 구조와 언어 세계를 창출하면서 기존의 신념과 당위의 명제들이 단절되는 새 문명의 카오스 앞에서 우리는 어떤 대응을 하여야 하는가?

패러다임의 변화

우주 공간이 전자로 코팅된 테크노 스페이스화되어 시공간에 관계 없이 모든 정보가 공유되고, 바이오 테크놀로지를 통해 생명의 접목은 물론 새로운 종의 출현이 예상되는 신세계는 새로운 문명의 패러다임이 시작되었다.

프랑스의 생물학자이며 신부인 샤르뎅(Teihad de Chardin)은 "인간은 끊임없이 정신적인 존재인 무 스페이스(No-Space)로 진화해 가는 과정에 있다"고 하면서 '무 스페이스'는 유기세계(Bio-Space)와 무기세계(Geo-Space) 사이에 있는 지성의 영역으로 본다.

오늘날 인터넷 등이 바로 샤르뎅의 '노 스페이스'로서 인류의 집단 의식에 영향을 주고 있으며 소속된 개인의 인식 구조까지 바꿔 놓고 있다.

우리의 인식은 유한하며 제한적이고 상대적이다. 이 인식이 안목이 되면서 하나의 틀이 되어 세계를 이해하는 세계관이 된다. 세계관은 어느 개인에게만 속하지 않고 그 시대에 사는 사람들이 공유한다. 고려나 삼국시대 사람들은 불교적 세계관을 공유하면서 살았고 조선시대 사람들은 유교적 세계관을 공유하면서 살았다.

한 시대의 세계관은 우리 각자의 사고에 선(先)구조로서 우리의 사고 형성에 결정적 영향을 주는 시대 정신 속에 무의식화되어 있는 은밀한 신념들이다. 즉 철학이나 종교가 세계관을 산출하기 이전에 오히려 철학적 체계나 신학적 체계가 세계관을 근거로 하여 형성된다.

이러한 세계관은 역사의 과정 속에서 변천한다. 이러한 변천의 양식을 나타내는 용어가 패러다임이다. 어느 사회가 특정한 세계관에 의하여 지배될 때 거기서 하나의 문화적 패턴이 나타난다. 한 사회의 문화적 패턴들인 예술 활동, 학문 활동, 경제 활동 등은 그 사회가 가지고 있는 세계관에서 나온다.

인류 앞에 전혀 낯설게 전개되는 패러다임은 세계 모든 사상(事象)을 정보화해서 새롭게 순열·조합하려는 데에서 기인한다. 이 정보화의 현상은 20세기에 두드러진 현상이지만, 인간이 사회 생활을 시작한 때부터 있어 왔다. 이는 정보화의 발생이 인류가 행동을 효율적으로 하려는 욕구에서 비롯된 것이기 때문이다.

경제학자 황두현은 정보를 다음과 같이 정의한다. '인간의 소비 활동이나 생산 활동에서 효율성을 추구하기 위하여 생산이나 소비에 관한 행동 정보(software)를 도구나 기계(hardware)에 이전시켜 인간의 노동을 도구나 기계에 분담시키는 행동'이다. 따라서 인간의 노동을 얼마나 하드웨어화 하였는가의 정도에 따라 정보화의 단계가 구분된다. 현대의 정보화 사회를 외형적으로 규정하는 것들은 온라인 시스템, 데이터 베이스, 매니지먼트, 부가가치 통신망(VAN: Value Added Network), 서비스 통합 디지털망(ISDN: Intergrated Services Digital Network), 인터넷 등이다.

이러한 사회적 통합체계들을 '사이버네틱스'(Cybernetics)— 어원은 자동 제어 장치, 방파제, 예방 의학 등을 의미하는 키버네티켓(Kybernetiket)—라 부르며 이 이론의 창시자인 비이너(N. Wiener)에 따르면 이는 한마디로 '동물과 기계에서의 제어와 통신을 추구하는 것' 이다. 다시 말해 유기체와 기계체를 통합하려는 사상이다.

이에 따라 유기체인 생물과 기계체인 컴퓨터를 통합함으로서 인간의 지식을 하드웨어화할 수 있는 가능성이 열리게 되었다. 이와 같은 현실은 기계 문명과는 전혀 다른 기술 혁명이다. 즉 산업화시대의 기계 문명은 물질과 정신을 이분법으로 나눔으로써 가능한 것이었으나 정보화 시대의 정보 혹은 지식 문명은 그 이분법을 넘어서고자 하는 노력이다. 이 정보화 사회는 하나의 문명사적 대전환으로 그 구조가 산업 사회의 구조와는 근본적으로 다르다.

토플러는 산업 사회를 기계적 동력을 중심으로 하는 사회로서 관료제적 조직과 대량 생산에 의한 시장 경제를 특징으로 하는 사회라고 본다. 이런 산업 사회에서의 조식 원리는 표준화, 집중화, 집권화, 동시화, 내형화 등이었다. 그러나 정보화 시대에서는 종래의 제조업 중심의 산업이 정보 산업 중심으로 변하고, 사회 조직의 원리가 다원화 혹은 비표준화, 분산화, 그리고 소규모화 등의 방향으로 전환되어 가고 있다.

그러나 정보화 시대에서는 새롭게 적용되는 패러다임들이 생산을 위한 경제의 영역에서 뿐만 아니라 정치, 사회, 문화, 가치관, 개인의 일상 생활 등 사회 전반에 걸쳐 정보 기술과 정보 가치를 중심으로 광범위한 변화가 일어나 '정보의 사회화' '사회의 정보화' 가 동시에 진행된다.

즉 제조업에서 정보업으로, 표준화에서 다원화로, 집중화에서 분산화

로, 집권화에서 분권화로, 거대화에서 소규모화로, 위계적 조직에서 유
연한 매트릭스 조직 또는 네트워크형 조직으로 전환되어 사회 구성원들
의 가치관에도 중요한 변화를 일으키게 된다.

먼저 이 변화가 의미하는 패러다임을 다음의 도표로서 비교한다.

구분 / 패러다임	농업 사회 (B.C 3~)	공업화 사회 (18C~)	정보화 사회 (20C 후반~)	생명 공학 사회 (21C~)
혁명	농경 혁명	산업 혁명	정보 혁명	창조 혁명
지배 요소	물리력	경제력	정보력	창조력
법칙	자연 법칙	정치 법칙	경제 법칙	문화 법칙
문명 기본 원칙	공동화 종족화 정복화 소품종소량 (小品種小量) 풍요다산 (豊饒多産)	표준화 집중화 거대화 소품종대량 (小品種大量) 중후장대 (重厚長大)	다원화 분산화 소규모화 다품종소량 (多品種小量) 경박 단소 (輕薄短小)	분권화 개성화 사이버네틱스화 다품종단품 (多品種單品) 가상무한 (假想無限)
사회 질서	수직질서	수직 계열화 (피라미드)	수평질서 (모자형)	네트워크화 (개방,상황형)
가치관	종족 공동체 봉건 상속 가치 중시 전통적 통과 의례 동종 가치관	민족 공동체 집권권위 소유 가치 중시 이성적 자기 절제 동일 가치관	인류 공동체 분권 사용 가치 중시 감성적 자기 표현 이질 가치관	동호인 공동체 개인권위 활용 가치 중시 개성적 자기 실현 가상가치관
기술	도 구	엔진 에너지	인터넷	이미지네이션

그 강제적 성격

세계관은 역사의 과정 속에서 변천하는데 이러한 변천의 양식을 나타내는 용어가 곧 패러다임이다. 패러다임이라는 체계는 일반인식은 물론, 기성 종교의 교리까지도 관여할 수밖에 없는 강제적 성격이 있다.

토마스 쿤(Thomas S. Kuhn)은 패러다임을 다음과 같이 정의한다. 즉 패러다임이란 '주어진 공동체 구성원에 의하여 공유되는 신념이나 가치나 기술의 전 체계'(an entire constellation of beliefs, values, techniques and so on shared by the members of a given community)이다.

현존하는 규칙들과 방법들이 통용되지 않는 곳에서 패러다임은 새로운 것을 추구한다. 쿤에게 있어서 패러다임 자체의 형성은 다분히 우연적이며 새로운 패러다임으로 전이되는 것은 사회 혁명처럼 매우 급격한 방식으로 진행된다.

새로운 패러다임은 이전 패러다임 안에서 이루어지던 정상 과학의 활동이 계속해서 심각한 변칙 사례들에 직면함으로써, 이의 모태가 된 기존의 패러다임 자체가 심각한 위협을 받게 될 때 그것의 대안으로 등장하며, 새로운 패러다임의 전이는 어떤 필연적인 인과 관계에 의해 연속적이고 점진적으로 진행되는 것이 아니라 종교적 개종처럼 어느 순간 급격하게 일어난다. 그 만큼 하나의 패러다임 안에 '갇혀' 정상 과학 활동을 수행하는 과학자들의 경우, 기존의 패러다임을 여간해서는 떨쳐 버리지 못하다가 일정한 조건이 성숙되면 어느 순간 게슈탈트적(독일어로서 원래 전체 형태 모양의 뜻으로 심리현상의 고유명사가 됨. 처음에는 컵으로 보이던 종이 위의 점이 이제는 오리로 보인다든가 또는 그 반대로 보이는 것)인 심리변화처럼 갑작스럽게 변화한다는 것이다.

그 구체적인 예로서는 로마의 프톨레마이오스(Ptolemaios)의 천동설이 근대에 와서 코페르니쿠스(Corpernicus, 1571~1630)의 지동설로, 아리스토텔레스 역학이 근대에 와서 뉴턴 역학으로 바뀌었고, 현대에 와서는 다시 양자역학으로 바뀌는 것을 들 수 있다.

패러다임은 여기서 하나의 신앙 고백과 같은 성격을 가져 한 학자가 여태까지 사용해 온 자기의 패러다임을 버리고 다른 패러다임을 수용하는 것은 종교적 의미에 있어서 '개종'(conversion)과 같은 성격을 갖는다고 설명한다.

톨레미 천문학이 제시한 지구중심적 세계상의 패러다임의 위기는 그 해결로서 코페르니쿠스 천문학이라고 불려지는 새 천문학적 세계상의 패러다임을 가져 왔다. 또 현대에 와서 에테르 이론의 위기는 상대성이론을 일으켰다. 기존의 이해 모델이 새로운 질문과 새로운 사상가에게 만족할 만한 대답을 주지 못할 때 새로운 이해 모델이 패러다임으로 제시된다. 이처럼 이해 모델은 제기된 문제를 해결하는 구도에 적합하게 변화된다.

그리고 새로운 이해 모델은 이에 공감하는 학문적 공동체에 의하여 지지되고 사용된다. 새로운 이해 모델은 불확실성의 잠정시기(a transitional period of uncertainty)를 거쳐 점차 그것에 대한 검증과 확신이 증대되면서 옛 것을 대체하고 새로운 패러다임으로 고정되기에 이른다.

자연과학에서처럼 신학에서도 점증하는 위기 의식은 여태까지 타당했던 근본 신념의 변화를 초래하게 되고 새로운 해석 모델 내지 패러다임으로 나아가는 강제적인 출발 상황이 된다.

왜 관용을 신념으로 하는 이슬람과 사랑을 신념으로 하는 기독교는 만나기만 하면 피 바람을 일으키며 싸울까? 이런 의문들을 갖게 하는 현실이 기성종교의 패러다임을 문제 삼는 출발점이 되는 것이다.

생의 방향을 안내하는 가이드라인을 설정하는, '궁극의 안내자' 여야 하는 종교의 설득 행위가 시행착오를 보이면서 사회에 더욱 카오스를 산출하여 새로운 패러다임을 요청하게 된다.

지난 세기의 대다수 종교가 신도를 포섭(包攝)하는 일에만 주력을 하다 보니 경전의 정신보다는 인간 한계를 넘어서는 경전의 신기한 이야기를 주로 설파해왔다. 즉 인간보다 우월한 초월적인 힘을 지닌 신의 호의를 받는 길이 각자의 삶이 보존되거나 번영하는 길이라는 것을 끊임없이 말하고 또 암시해 왔다.

그러나 새로운 인간들에게는 오랜 경전 속의 신비한 일보다 더 신비한 일들을 매일 경험하고 살며 과학 기술이 주는 혜택이 종교가 준다고 하는 혜택보다 더욱 현실적이며 높은 확률을 지니고 있기 때문에 과거와 같은 선교 방식이 무용지물이 되어 버렸다.

한 특정종교의 신이 가진 힘의 우위를 가지고 선교하는 시대는 지나갔으며 그 종교의 신을 현실을 넘어선 궁극의 희망이며 포괄적 사랑의 모습으로 재정의한 선교 원리가 요구된다.

만일 기존의 형이상학과 종교가 지난 시대의 패러다임을 계속 고집한다면 미래학자 후쿠야마(F. hukuyama)가 그의 저서 『대 혼란』(*The Great Disruption*)에서 21세기의 화두로 던진 '인간은 신 없이도 존재할 수 있다'는 선언이 맞을 수 있다.

2. 빗나간 모티브

위무잔치

서양의 근세는 마르틴 루터(Martin Luther)의 종교개혁으로부터 시작되었다. 루터는 사제의 서품을 받은 후 당시 교황청의 부패, 성직자들의 부적합한 행동, 교회의 정신은 사라지고 형식적인 예식에만 집착하던 종교의 모습에 회의를 느꼈다.

이런 루터를 더 이상 참지 못하게 분개시킨 것이 바로 면죄부(免罪符, Indulgence) 판매였다. 재정난으로 인해 중단된 로마의 베드로 대성당을 완성하자는 명분으로 교황청의 허가를 얻은 이 사업의 책임자는 도미니크 파의 수도사인 텟첼(J. Tetzel)이었다.

그는 면죄부는 살아있는 사람의 잘못은 물론 이미 죽어서 연옥에서 고통받고 있는 부모나 형제, 친척들의 영혼에게도 효력이 있다고 선언했다. 그는 면죄부를 사기 위해 "돈이 헌금상자에 쨍그렁하고 떨어지자마자 죽은 자의 영혼이 연옥에서 자유를 얻게 된다"고 강연하였다. 텟젤은 천국행 티켓을 팔고 있었던 것이다.

루터는 1517년 10월 30일 비텐베르크(Wittenberg) 성당문에 95개 항목으로 된·반박문을 게시하였으며 이 문장을 붙이는 못박는 소리와 함께 중세는 무너져 내리고 말았다.

오늘의 한국 종교가 중세의 마지막 어두움의 시기와 같은 모습을 그대로 띠고 있다. 문화인류학에서는 어느 한 종교의 교인수가 전체 국민의 20%이상이면 국가의 문화를 바꿀 수 있다고 하지만 한국의 불교나 기독교 등은 세속화의 흐름을 바꾸기는커녕 오히려 편승하고 있다.

특히 기독교는 서울인구의 26.3퍼센트, 강남의 어떤 곳은 40퍼센트 정도라는 엄청난 규모의 신자와 최소한 1주일에 1회 이상의 정기적인 모임에서 설교를 듣고 영향을 받고 있음에도 불구하고 계속되는 종말론의 미혹, 교계지도자나 교회지도자의 사회적 물의, 교도소 내에 유독 높은 신자의 비율 등은 결국 매주 되풀이되는 강론의 방향성에 대해 회의를 갖게 한다.

한번의 감동적인 연설이나 강의를 듣고서도 일생을 결단하는 일이 많은데 매주 그것도 신적 권위를 배경으로 전달되는 강론들의 효과는 어떻게 나타나고 있는가를 반성해야 한다.

먼저 종교는 위로의 기능이 분명히 있다. 실패와 상처, 불안과 미움 등. 매일의 삶에서 빚어지는 아픔들에 대한 위로가 필요하다. 그러나 그 위로는 다양한 삶의 조건에 대한 변혁의 의지와 불투명한 개인과 공동체의 미래에 대한 책임적 존재로의 재 창조적 위로여야 한다.

그러나 공동의 미래보다 개인의 이기적 만족을 위한 모든 술수마저도 혹 회중의 수가 줄어들 것을 염려하여 각성을 촉구하지 아니하고 위로에만 치중한다면 오늘의 삶의 조건들에 대해 더욱 둔감하게 하거나 일말의 가책되는 양심에 마취를 일으켜 종교는 또다시 민중의 아편이 되고 만다.

목사 겸 신학자로서 히틀러 암살음모에 가담했다가 1945년 처형당한 디트리히 본회퍼(Dietrich Bonhoeffer)는 경전에의 용감한 '따름' 을 촉구하지 않고 오로지 신앙과 용서만 강조하는 것은 '귀한 은총'을 '값싼 은총'으로 만드는 것이며 곧 종교의 대원수가 된다고 하였다.

인간이 저지른 행동의 결과를 놓고 그 결과에 작용한 원인을 알아내는 것이 귀인이론(attribution theory)이다. 즉 "…는 …의 탓이다"라는 진술이 귀인행동을 설명하는 적절한 표현이다.

그런데 지금의 한국 교계는 인간을 근본적으로 악한 존재로 규정하여 이기적인 행동은 어쩔 수 없는 일이며 인간이 오류를 범하면 신은 그 뒤를 따라다니며 정화시켜 주는 분으로 설정되어 누구도 그 틀을 깰 수가 없다. 오히려 그 틀을 강화하고 또 각인시키는 일이 종교 교육의 핵심이다.

그런 측면에서의 신은 철저히 믿는 개인을 중심으로 우주를 운행하기 때문에 구조적인 정화는 기대하기 어렵고 기껏해야 믿는 한 개인의 마음에서 죄책감을 없애주는 세탁업자 정도로 전락하고 만다.

이는 곧 모든 탐욕과 실패를 존재의 원인으로 돌리기(casual ascription)를 허용함으로서 행동의 변화를 막아버리고 종교의 모임을 심리적 위무잔치로 전락시켜 버린다.

거기서 나타나는 현상이 인류 역사상 가장 많은 비율의 종교인들이 매주일 모여서 엄청난 종교 시설에서 천문학적 액수의 헌금이 드려지지만 그 모임이 끝난 직후부터 각자 냉혹한 타인이 되어 삶의 자리로 돌아가 버린다. 한 판 흐드러진 위무잔치에서 돈으로 면죄부를 산 중세기의 신자들처럼 심리적 죄책감에서 해방되어 보무도 당당히, 마치 아무 일도 없었다는 듯이 타성에 빠져버린다.

오죽하면 한국 교회의 최대 교단이라고 자부하는 교단지인 기독공보에서조차 사설에서 '교회가 죽어야 나라가 산다'는 책이 나올 것을 염려한다 했을까?

콘스탄티즘

로마의 콘스탄티누스 황제는 오랫동안 박해받아 오던 기독교를 313년 공인한다.

기독교를 공인하게 된 배후에 일화가 있다. 콘스탄티누스 황제가 전쟁을 나가기 전날 '십자가 표지로 군기를 만들면 모든 전쟁마다 승리하리라' 는 환상을 보고 기독교로 개종을 하여 로마의 국교로 삼는다.

이에 대하여 프랑스의 사회학자이며 신학자인 자크 엘룰(Jacques Ellul,1912~)은 십자가가 교묘하게 정치적으로 왜곡되었다고 본다. 종교적 표지나 신앙의 표지는 신의 사랑을 증명하는 구원의 상징일 뿐이라는 것이다. 더구나 십자가는 '연약함과 겸손' 의 표시일 뿐이지 군사적 승리와는 전혀 관계가 없다.

그는 이때부터 '종교가 그 시대의 권력과 동맹을 맺기' 시작했으며 이것이 콘스탄티즘이라고 명명했다. 국가 권력은 종교를 보호하고 종교는 그 권력을 변호하면서 종교의 진리와 정치 권력이 복합체를 만들어내며 종교는 뒤틀리기 시작했다고 본다.

이후 기독교는 스폰지처럼 모든 문화들과 그들의 흥망성쇠를 흡수해왔다. 그리스—로마 문화의 지배를 받은 기독교는 봉건 세계 속에서 그것을 옹호하며 그것에 대한 확신을 가지고 지주(地主)와 영주가 되었다. 교회는 자본주의와 더불어 부르주아가 되고 도시가 되고 돈 있는 곳이 되었다.

그러면서도 기독교는 언제나 재빠르게 자신을 정당화하여 '가장 약한 자 들' 편에 있음을 주장해 왔다. 그 시대의 권력을 대표하는 모든 것과 늘 일종의 동맹을 맺는 콘스탄티즘은 전교의 유익이 있기도 했으나 반대로 권력에 의해 침투되고 권력의 부패와 함께 진리에서 점점 멀어지게 되었다.

실존(existence)을 최초로 부르짖은 사람은 덴마크의 철학자 쇠렌 키에르케고르(Soren Kierkegaard,1813~1855) 이다. 그는 종교를 파괴하는 요인은 성공이라는 사회학적 요소로 보면서 "국력은 국민의 숫자와 비례하나 신앙은 반비례한다. 기독교 국가가 되면 모두가 기독교인이기에 기독교가 무엇인지에 대한 최소한의 반성도 할 수 없게 된다. 어떤 종교가 번창하는 이유로 사라지는 것은 기독교밖에 없다" 라고 말한다.

종교의 전교 행위는 사람의 본질을 변화시키는 일이기 때문에 사회 집단의 불의한 통치 세력은 노골적으로 종교를 억누르려는 방법보다는, 자기의 정체를 감추면서 종교 세력을 보장해 주는 방법으로 대처하였다. 그것은 종교를 내용이 없는 모양만 남게 만들며 오히려 왜곡된 사회상을 만들어 낸다. 실제로 기독교에 집단적으로 가담한 사회의 그룹들—정치적, 사회적, 지적 엘리트 그룹들은 예수에 의해 선포되었던 것과는 완전히 반대되는 사회 규례를 만들었는데 로마의 법률 정신, 그리스의 세상에 대한 철학적 해석, 정치의 행동 양식, 그리고 이해 관계 등이 그 실례이다.

콘스탄티즘은 언제나 유리하게 자기합리화를 추구한다. 지금 모두가 극렬하게 반대하고 있는 유전자 조작이나 생명 복제 등을 머지 않아 수용 논리를 개발해 적극적으로 받아들이도록 유도할 것으로 예측할 수 있다. 처음 무통 분만법이 개발되고. 시험관아기가 출산되었을 때 가톨릭 등 교회는 창조 섭리를 거스르는 일이라고 극렬히 반대해 왔으나 지금은 어떠한가?

한국의 짧은 현대사 속에서도 종교는 이런 방식을 반복하고 있다. 서슬 퍼런 독재 시절의 민주화 운동이나 환경 운동하던 사람을 당시 주류 교회들은 '악마적' 이라고 비난했으며, 권력자들을 위한 모임은 언론의 조명을 받아가며 호텔에서 자주 갖고, 교인들에게 '절대 순종'을 요구하여 비민주정권의 안정에 유·무형의 도움을 주었다.

사회 구조에 관심을 갖는 일은 비신앙적이라고 규정하고 오로지 개인의 기복적인 일에 관심을 쏟도록 유도하여 신앙을 '주고 받는'(give and take) 구조로 축소시켰다.

지금은 똑같은 자리에서 같은 사람이 다시 민주를 찬양하고 환경을 보살피라고 얘기한다. 자기 참회의 행동은 전혀 보이지 않고 또 다시 백성들을 향해 신앙심과 삶의 일치를 촉구하면서…. 누가 신행의 불일치를 보였는지, 누가 참회해야 되는지 모두가 혼동스러워진다. 결국 여기에도 '청자(聽者)'에 대한 '화자(話者)'의 일방적 권력이 작용하는 것일까.

그러나 이미 청중들도 단순한 청취자의 입장에서 언제나 자기의 의견을 개진하며 공유할 수 있는 언로가 인터넷을 통하여 무한히 열려버렸고, 그동안 선교에서 복음의 매개(媒介)로 삼았던 개인과 가정 국가에 대한 기복적 접근도 후천적으로 탁월한 재능을 만들어주는 생명공학 앞에서 현실적인 설득력을 상당 부분 잃어버렸다.

결국 기독교가 모든 지배담론(부, 권력, 명예 등)들에 대한 건설적인 비판의 대안을 제시하기보다는 자신의 안주를 위한 유착에 집착하여 장기적으로 종교의 보편성을 잃어가고, 일반 대중과도 거리가 멀어지게 하여 스스로 성장에 큰 장애가 되고 있다.

문화정복

'문화 현상'은 인간의 행위이다. 인간이 행위하는 것이면 그것이 세련된 것이거나 미비한 것이나 모두다 고유 가치를 가진 문화 현상이다. 그러나 인간의 단편적인 행동을 문화 현상이라고 하지는 않는다. 파슨즈

(T. Parsons)는 문화 현상이란, 사회 사람들에 의해 전해져 내려온 것, 배워서 알게 된 것, 공유되고 있는 것의 세 가지를 말한다. 그런 의미에서 문화 현상은 본질적으로 사회성을 갖추고 있다.

콘스탄티즘은 기독교의 경우에 있어서 기독교 신앙의 절대적 전일화(全一化)와 서구 문화의 이식욕(移植慾)으로 나타나 개방적 양식과 토착 심성을 가진 비서구권사람들의 반감을 야기한다. 근대 서구인들의 기독교 선교의 초기 단계는 '팽창'이라는 용어로 특징지어진다고도 말할 수 있는데 이 용어는 식민지 팽창과 밀접한 관계가 있었다. 선교란 '타문화'의 종교가 이교도의 영토를 '정복하는' 사업이었다. 선교 사업은 저주받은 영혼들을 구원하는 것이었다. 그리고 기독교인들은 불신자들을 기독교로 전향시키기 위해 부름 받은 선민(選民)들이었다. 이들에게는 불신자들은 두 종류로만 구분된다. 하나는 무지한 영혼을 지닌 교화의 대상, 또 다른 하나는 이단 사상을 지닌 척결 대상이다.

따라서 한편으로는 이단에 대한 척결 작업을, 다른 한편으로는 "서구적 교인 만들기"에 전심으로 매달렸다. 통신 사업, 성경 번역, 기독교적 문서 발간, 의료 및 교육 활동, 전도 활동, 봉사 활동 등이 모든 것은 이방인들을 회심시키고 서구 교회의 다양한 교파 형태대로 세력을 확장하는 데에 활용하였다.

서구의 선교단체들과 교회들 중 간혹 사회를 섬기는 일 그 자체에 주안점을 두는 곳이 있어도 철저히 회심을 숨겨진 의도로 하도록 하는 주류 교회들에 의해 무시당해왔다. 이들은 언제나 서구인들의 기독교적 틀 안에 머물렀고 그들의 것과 상이한 종교—문화적, 사회—정치적 경험의 맥락에서 복음을 재해석하는 것을 용납하지 않았다.

비서구적 여러 문명들은 미개한 문명이며 주술적인 것이기에 늘 혐오의 대상이며 변혁의 대상일 뿐이다. 이렇게 되면 서구 문명 외에는 다른 세계의 고유한 문화는 사라져야 한다. 그것은 모든 문명은 다 종교—그것이 자연종교이든 종족 종교이든, 세계 종교이든 관계치 않는다—와 밀접한 관계를 갖고 있기 때문이다.

그러나 비교 문화 연구 성과가 밝혀지면서 '서구화'와 '산업화'의 바람으로 자연과 분리되지 않은 채로 살아오던 소수 민족들의 건강하고 평화로운 공동체의 삶이 어떻게 사회적으로 심리적으로 무너져 내리는지를 보여주는 가슴아픈 역사를 알고 있지 않은가?

종교는 문화를 만들기도 하지만 또는 고유한 문화가 새로 들어온 종교의 의상(衣裳)을 만들어 입혀 주기도 한다. 헤브라이즘을 바탕으로 탄생한 기독교가 그리스—로마 문명과 만나지 않고 대신 다른 문명, 예를 들어 중국의 황하 문명이나 인도 문명 등과 만났다면 오늘의 기독교 문화와 전혀 다른 모습일 것이다. 달리 불교가 그리스—로마 문명과 합일되었다 해도 마찬가지이다. 그러므로 어느 종교든 미래 사회에서 계속 유지하려면 덧입은 문명의 옷벗기기를 선행하고 나서 토착의 문화와 화해하는 작업이 필요하다.

나이스비(J. Nasbitt)는 세계화로 인해 생활 양식이 유사성을 더해감에 따라 강력한 역반응으로 전통 문화를 내세우고자 하는 갈망이 일어나 외래의 영향에 대한 거부감이 일어난다고 본다. 기독교가 지금까지와 같이 유대—그리스의 사고 방식이나 서구적 양식을 선교의 본질인 것처럼 강요하기 어렵게 되어 간다.

어떤 종교나 사상도 콘스탄티즘적 행태를 보이면 사회의 복합적 패러다임에서 오는 에큐메니즘과 갈등을 일으킨다. 메이너드(H. Maynard)와 머턴스(S. Mehrtens)는 진행되는 역사를 네 개의 물결로 나누며 특유의 세계관들이 있다고 한다.

제1의 물결은 농업혁명으로 이미 종식되었고, 제2의 물결은 공업화의 세계로 사람들의 사고와 생활습관이 단편적이고 분리적이며 경쟁적이었다. 제3의 물결은 탈공업화의 시대로서 모든 분야에서의 연결성을 추구하게 되고 협력과 통합으로 나아간다. 제4의 물결은 제3의 물결에서 급속하게 진입되는데 이 시기에는 개방을 장려하며 다양성을 포용하고 균형과 중용을 권장하며 공동 창조를 선택해야 된다.

따라서 21세기의 전망은 제2의 물결의 가치인 '서로 다르기에 분리'하는 태도에서 벗어나 '서로 다르기에 수용'하는 제3의 물결의 가치가 당연시될 것이고 제4의 물결의 세계관인 다양성 속의 통일성(unity in diversity)에 따른 에큐메니즘의 보편화가 나타난다.

그러나 기존 종파들은 오직 개인의 구원과 영적 생활에 관심을 두게 하고 그 자체의 이야기에만 진실함으로 세상이 지향해야 할 모델이 될 수 있다고 가르쳤다. 또한 나의 사상, 철학, 종파, 교회만이 이미 세상에 대한 답을 갖고 있으므로 세상과의 관계에서 대화가 아닌 지도적 입장에서 흡수해야 한다는 접근을 보여주며 메가 교회(mega church), 세계 최대의 불사, 독선적 도그마를 지향하는 시행착오를 범해 오고 있다.

이처럼 대다수의 종교, 교회들이 구성원의 확보에만 급급하면서 산업 사회 구조인 성장 신드롬에 빠져 타교파, 타교회보다 우월함을 부각시켜야 하기 때문에 반목과 분열을 계속 일으킨다.

마케팅

사람들은 각자의 개성을 존중받고 싶어하며 다양성을 인정받기 원하기 때문에 사상이나 윤리, 종교에 대한 기대도 각양 각색이 되고 있다.

비영리 조직도 그 설립 목적을 펼치기 위해서는 다음과 같은 네 가지 요건이 필요하다고 드러커(P. Druker)는 얘기한다. 첫째는 계획, 둘째는 마케팅, 셋째는 사람이며 마지막은 돈이다.

마케팅이란 소비자의 취향과 기회에 직접 호소하는 판매전략이기 때문에 치밀하게 다음과 같은 전문적인 과정 즉, 시장조사(market rearch)—계획(concept planning)—생산(production)—판촉 활동(sales promotion)—점검(feedback)—기업 정체성(coporate identity) 또는 개인 정체성(personal identity) 확립을 반복한다.

마케팅은 비영리 조직의 중요한 요건이며 모든 종교의 효율적 경영을 위해서도 필수적이는 하다. 그러나 마케팅은 어디까지나 종교의 이상을 전개하는 수단이어야 하는데 마켓팅 자체가 금과옥조의 교리처럼 중시되어버렸다.《미국인구학》이라는 잡지는 기사에서 "하나님은 죽을 수도 있지만 대중시장은 그렇지 않다. 미국의 종교 기관들은 여타 서비스 기관들과 마찬가지로 새로운 시장에 적응하고 있다"고 밝히고 있다.

종교는 '한 생명'을 중시한다. 큰 것보다 작은 것 ,양보다는 질, 간판보다는 내면의 진실을 위해 존재하는데 거대화한 사찰이나 교회를 추구하다보면 다양한 마켓팅 기법이 원용되어 도전적이며 경쟁적인 모양을 띠게 되며 거내 조직을 유지하기 위헤서는 관료저 운영이 필요악으로 나다나는데 어떻게 종교 정신이 구현될 수 있겠는가?

거대 도시 속의 대중은 불특정 다수로 형성되어 그 속에 개인은 사라진다. 소위 여론이라는 이름으로 모든 것이 결정되며 개인은 무시되면서도 여론이 다수의 의견인 것 같은 환상을 낳는다. 카를 야스퍼스(Karl. Jaspers)는 대중 속의 개인들을 '무명의 타자(他者)'요 '허구'라고 명명한다.

대중은 양적 집적(量的 集積)일 뿐이며 본질을 결(缺)하고 있어서 소위 조직과 여론이라는 이름으로 개인을 무명의 타자로 만들어 하나의 기능으로 격하시킨다.

그래서 헨드릭스(O. Hendrix)는 "종교적 조직도 대체로 목표 지향(goal orientation)으로 시작하여 업무 지향(task orientation)으로 전락하고 마침내 밑바닥에서 통제 지향(control orientation)으로 타락한다"고 하였다.

각양의 사람들을 한 사람의 지도하에서 효율적으로 움직이려면 통제하지 않을 수 없고 정치 조직과 같이 당근과 채찍을 쓰지 않을 수 없다. 신도들도 역시 조직에 영향력을 행사하고 싶은 마음이 종교심을 덮어 버린다.

그래서 종교 창시자들은 거의 조직을 만들지 않았다. 오히려 사람들이 몰려오면 광야나 사막으로 수행의 길을 떠나 버린다. 그후 추종하는 무리들이 세력확장을 위해 교리를 만들고 조직을 만들고 교파를 만들며 전쟁까지도 불사했다.

이미 현대 사회는 '시스템화' 되어 있다. 현대 시스템 사회의 '시스템'이란 외적으로 존재하는 사회 구조의 시스템만이 아니다. 그 사회의 시스템이 가치의 시스템으로 그리고 정체성의 시스템으로 자기 자신 안에 내장되어 '외적' 시스템과 '내적' 시스템이 혼연일체를 이룬다는 것이 현대 '시스템 사회'의 특징이다.

이런 시스템 사회 속에서는 표면상 '승자' 처럼 보이는 사람도 그 시스템에 과잉 적응하여 내재화하였기 때문에 상대적인 위치가 상승되었을 뿐, 시스템 사회에서 그냥 젖어서 자기 자신이 정말 무엇을 하고 싶어하는지 진정한 꿈은 무엇인지 내가 과연 살아있는 것인지, '절대적 나' 라는 존재가 어떤 의미를 갖는지를 모른다. 혹 시스템 속의 위치에서 이탈될까봐 마치 비중 있는 연극 배우처럼 기계적인 삶에 구속되어 있다.

따라서 시스템 사회의 적은 외부에 있는 것처럼 보이나 실은 서로를 적이라 생각하게 해 싸우게 만드는 시스템 그 자체가 적이며 그 시스템을 내면화하고 로봇이 되어 버린 자기 자신이 바로 적인 것이다.

종교는 시스템 사회를 넘어서야 하지만 지금의 종교는 현대적 일상성의 구조를 그대로 종교에 도입하고 있지 않는가. 오로지 '신자의 수를 늘이는 것이 지상 과제'라는 거대화의 마케팅 발상 자체가 일상 세계와 다를 게 없다. 다른 교단에 비해 수가 많은 쪽이 뛰어나다고 생각하고 같은 교단 내에서도 신도의 인원수에 따라 영향력이 결정되는 것도 일반 세계의 차별화 구조와 조금도 다르지 않다.

이런 곳에서는 그 집단의 소속원 모두가 최고의 매상을 올리려는 세일즈맨이나 시험 성적을 높여서 오직 일류 대학만을 목표로 하는 수험생들과 비슷해진다.

현대의 경제 조지은 모든 사람을 소비자 아니면 생산자의 단순 구도로 바꾸어 놓았다. 누구든지 어떤 면에서는 소비자이면서 때로는 생산자이기도 하다. 이때 그 사람의 상품이 시장에 선보일 때가 곧 심판의 날이다. 따라서 현대인들은 '자기 자신'을 하나의 상품으로 만들어 그 상품이 적중하면 성공한 것이 되고 그렇지 못하면 실패하게 된다.

현대 사회는 일체의 가치를 시장의 기능에 따라 결정지어진다. 사람마저 시장에 내어놓았을 때의 상품성에 따라 평가한다. 인간이 자기 내부로부터 자부심을 갖지 못하고 외부의 시각에 따라 평가되기 시작하면서 인간은 자기로부터 소외된 존재가 된다.

종교도 여기에 편승하여 종교의 가치를 '종교로서의 헌신이나 희생, 겸허함, 용서, 소박함, 근원적 태도, 지혜의 질(質)'에 두지 않고 오로지 그 종교가 잘 팔리고 있느냐에 따라 결정하고 있다.

여기에서 현대 종교의 한계가 노출되기 시작한다. 철저히 시장의 흐름에 편승해서 외형적으로 성공한 것처럼 보이나 바로 그 자리가 종교를 세상의 기업과 동일한 자리로 내려놓았으며 종교의 신마저도 탐욕스러운 지도자로 격하시켰다.

이는 참 진리를 설파하는 종교의 내재 가치도 그의 내부에서 평가되는 것이 아닌 시장 원리처럼 다른 사람들의 판단에 의존하게 되어 늘 상대적일 수밖에 없게 되어 버렸고, 효율성이나 물량에 매이지 않아야 할 하나님, 부처님마저도 무한경쟁의 대열 속에 합류시켜 스스로를 소외의 자리로 내어 몰았다.

이처럼 신의 임재, 종교의 본연의 모습은 상관하지 않고 새로운 시장의 적응에만 급급하게 될 때 현대 종교는 거대 도시의 익명성이 안고 있는 부작용을 그대로 반영하게 된다.

따라서 종교는 신앙을 소비자들의 욕구를 충족시키기 위한 수단으로 채택해서 예전을 흥미거리(entertainment)로, 강론을 마케팅으로, 신심을 기교로 만들어, 선한 사람이 되는 대신 스스로가 선하다고 느끼는 것으로 만족하게 하고, 진실함 대신 지배욕을 추구하게 하는 어리석음을 범하지 말아야 한다.

절반의 승리

과학은 옳으냐 그르냐(眞僞)의 문제를 다루고 철학은 의미가 있느냐 없느냐(有意味)의 문제를 다룬다면, 종교는 궁극적 관심(Ultimate Concern)을 다룬다.

따라서 종교는 먼저 인간생활의 궁극적인 의미를 명확하게 밝힌 다음 인간 문제의 궁극적인 해결에 관심이 있다고 사람들에게 알려서 종교의 외연적 확장을 꾀한다. 이 순서가 바뀌게 되면 종교의 본래적 기능이 마비되고 친교 공동체 또는 이익 공동체로 전락한다.

원래 생물학자였던 지그문트 프로이트(Sigmund Freud, 1856~1939)

는 새로운 물리학의 영향을 받고 역학의 법칙이 인격(人格, personality)에도 적용된다는 것을 발견하여 역동적 심리학(dynamic psychology)을 체계화 시켰다.

즉 19세기 중엽 물리학에서는 에너지를 양(量)으로 보면서부터 에너지는 변형될 수는 있어도 파괴될 수는 없다는 에너지 보존의 법칙을 발견했다. 즉 에너지가 시스템의 한 부분에서 사라지면 그것은 시스템의 다른 부분에 나타난다. 예컨대 한 물체가 차가워지면 이 물체와 인접한 물체가 뜨거워지는 것과 같다.

프로이트는 이러한 에너지 보존의 법칙을 응용하여 인간의 본성 안에 자리잡고 있는 비합리적인 힘의 위력을 알게 되었고 그 내용을 드러내는 일이 곧 인간의 비합리성을 해소하는 길이라고 보았다.

종교 역시 종교의 활동 양태를 결정짓는 다이내믹이 있다. 그 다이내믹이 시대를 초월해 존재한다면 그 종교는 유구할 것이나 풍류에 따라간다면 그 풍류와 함께 사라진다.

한국 종교를 움직였던 다이내믹은 지배욕이었다 해도 과언이 아니다. 그것은 곧 인류 전체에 유익한 가르침보다 개인의 귀에 솔깃한 강론의 위무잔치, 특정 종교를 배태시켰던 특정 문화를 우열한 문화로 과시하면서 다양한 토착 문화를 소멸시킨 일, 종교의 속성과는 혼합될 수 없는 마케팅 기법까지 동원하는 것 등으로 나타났다.

그래서 대다수 한국의 종교들이 당대의 교인수 확보에 도움이 된다면 어떤 마케팅 기법도 도입할 수 있는 성장 중심의 마인드를 갖고 있기에 결국 사이버 교회(Cyber Church)가 도래할 것이며 이때는 더욱 심한 신앙의 개인화가 우려된다.

물론 사이버 종교는 활용하기에 따라서 앞으로 구축될 정보 고속도로가 종교적 가치를 쉽게 편만히 전파하는 길이 될 수도 있다. 거동이 불편한 장애인들이나 농어촌 지역, 고립된 섬 지역, 특수한 곳에 근무하는 사람들에게 감동적인 예배를 제공할 수 있다.

빌 게이츠는 사람들이 TV나 비디오가 생기면 극장이 모두 없어질 것으로 전망했으나 그것은 기우였으며 아직도 극장은 건재하고 있다고 말하였다. 그러나 예전에는 자그마한 읍 소재지나 면 소재지에도 극장이 하나씩 있었다. 그러나 지금은 웬만한 소도시에서도 극장을 찾아보기 어렵다. 극장의 수는 과거에 비해 줄었으며 대도시에도 소규모 극장은 사라져 가고 있다.

지금과 같은 양적 팽창에 종교의 목표를 두는 경우 지역에 매이지 않고 세계의 사람을 대상으로 할 수 있는 가상 종교를 시도하여 헌금은 온라인으로 받고 가상으로 예배를 드리는 일이 대중화되어 교회가 텅텅 비게 된다면 여러 문제점이 노출될 것이다.

먼저 '만남'이 극도로 약화된다. 가상 예배를 통해 개인적으로 예배를 체험하면 자연히 종교 공동체가 나누는 교제가 약화될 수밖에 없으며 오히려 사람과 만나서 교제하는 것이 번거롭다는 느낌을 갖게 될 것이다.

그렇지 않아도 한국의 종교들은 소속 종교에는 무한한 충성을 다하면서도 외부인에게는 냉정한 사람들로 보여져 왔다. 에리히 프롬(Erich Fromm)의 표현처럼 광신자적 모습을 보였던 것이 사실이다. 광신자는 임상학적(臨床學的)으로는 각별한 자기도취적(narcissistic)인 사람으로서 자기 자신의 외부 세계와 관계를 잘 갖지 못하는 정신병적인 특성이 있다.

그러나 광신자는 자신을 정신병에 걸리지 않게 하는 하나의 해결책이 있다. 즉 그는 그의 행동—정치적, 종교적, 기타—의 근거를 선택하고 그 근거를 우상화(神話)하여 그것에 전적으로 예속함으로서 삶의 정열을 얻고 의미를 터득한다.

프롬은 광신자에게 해당하는 하나의 상징(symbol)을 '이글이글 타오르는 얼음'(burning ice)라고 한다. 한국의 종교인들에게 일부 이런 모습이 있다. 내가 속한 세계와 그 절대자(the Absolute)에게는 복종하려는 불타오르는 정열로 충만해 있으며 동시에 외부와는 냉랭한 인간이기도 하다.

이런 모습이 가상 종교를 통해서 더욱 확대되지 않을까? 유치원 시절부터 가상 현실의 생활이나 예배에 익숙해 졌다면 어른이 되어서도 자연스럽게 더욱 피동적으로 기계에 의존한 예배를 더 편안하게 여길 수도 있다. 한국 종교의 최대 약점이었던 봉사와 친밀한 만남은 소멸하고 허공을 치는 강론만 남게 되며, 또한 종교심을 더욱 허구화(虛構化)할 수 있다. 멀지 않은 장래에 멀티미디어 장비를 이용하여 재택 근무, 화상 회의, 홈뱅킹, 홈쇼핑 등을 하는 생활이 일반화되어 가상 현실에 접하는 기회가 많아져 현실과 허구를 혼동하게 될 것이다.

컴퓨터·게임 속에는 자신을 천재나 영웅으로 착각할 만큼 훌륭하게 임무를 수행하고 모든 것이 쉬우나 대인 관계에서는 더욱 어려움을 겪을 것으로 보인다. 어느 종교나 그 본질은 신과의 수직적 신앙 관계를 통해 내적으로는 성숙과 안정을 도모하고 외적으로는 이웃 섬김 그리고 피조 세계를 보존함에 두고 있다.

그러나 지금까지의 한국의 종교는 종교를 움직이는 지배 역동을 산업 시대의 패러다임에서 찾아 교파 자체의 성장에는 기여했으나 산업 사회가 끝나가자 마자 종교 본질을 드러내는 데는 미흡하게 여겨져 '종교 후기사회'를 예언하는 음성을 공공연히 듣고 있다. 한국 사회에서 제일 많은 인원, 결집력, 현금, 동원능력을 가진 집단이 종교이나 그것에 어울리는 '선한 영향력'을 찾을 수 없으며 오히려 부패 지수, 인권 수준은 반비례하고 있다. 그래서 한국에서 "종교가 과연 마약이냐 누룩이냐"라는 논의가 일고 있는 것이다.

한국 종교들이 팽창에 열정을 쏟아 세계 종교사에서 유례가 없는 부흥은 이루었으나 그로 인해 사회의 조직과 다를 것 없는 모습을 보였고 궁극적 관심이 퇴색되어 고등 종교의 미래를 걱정해야 하는 절반만 성공한 모습을 보이며, 그 절반의 지점이 상승을 향한 해탈이 아닌 해체로 내려가는 하강으로 이어지고 있다.

3. 화석화된 교리

우상

한 사회의 성숙도는 그 구성원들 각자가 얼마만큼 올바른 '자기정체감'을 가지고 주체적인 결단을 내리며 그 결과에 따른 책임을 질 줄 아느냐로 측정할 수 있다.

따라서 종교뿐 아니라 정치, 언론의 건전성 여부도 개개인들의 '정당한 주체 의식'을 고양(高揚)시키느냐, 중독된 무조건의 찬동자로 만들고 있느냐로 판단할 수 있다.

그러기에 오랜 기간 인류의 사상에 긍정적인 영향을 끼친 철학이나 종교 등은 사람이나 사물의 '우상화'를 극력 반대해 왔다. 이는 유대인의 역사라고 일컬어지는 구약성경의 대부분이 우상숭배와의 전쟁사였음을 보아도 알 수 있다.

원래 우상이라는 것은 상대 가치를 절대 가치화시키는 일이며 신이 부여한 개인의 존엄한 가치를 노예화시키는 모든 것들이다. 이것이 고대 세계에는 사물로 고안된 상징물이었으며 그 상징물 속에 그 우상을 추종하는 사람의 인간성이 귀속되어 있다.

과연 이 시대의 우상은 무엇일까? 아직도 고대(古代)세계처럼 나무나

돌로 만든 조각품이 우리에게 우상으로서 증오의 대상이 되어 국보급사찰을 훼손하고 단군 상의 목을 베어야 하나?

『희망의 혁명』(*Revolution of hope*)을 쓴 에리히 프롬(Erich Fromm)은 이 시대의 우상은 "인간성을 소외(疎外)시키는 모든 것"이라고 재 정의하고 있다. 앞으로 더욱 가속화될 물신화(物神化) 현상은 인간을 존재 그 자체(being-itself)로 존엄하게 보지 않고 시장에 내어놓은 물건처럼 상품가치로 평가하기 시작한다.

이제는 누구도 예외 없이 그의 효용 가치에 따라 존엄의 등급이 매겨지고 있으며 이는 개인의 자부심과는 전혀 관계 없이 오로지 '쓰임새'에 따라 평가하는 시장의 원리만 남게 된다.

이러한 인간 상품화는 원래부터 개인의 이익을 위해 선택의지로 구성된 이익 집단(Gesellschaft)은 물론이고 혈연이나 상호유익을 위해 본질의지에 의해 형성된 친밀 집단(Gemeinschaft), 즉 가족 관계, 친족 관계, 친구 관계, 신앙 관계에서까지 인간성으로부터 소외시키며 결국은 본인에게서조차 소외를 경험한다.

이 소외를 대치시키는 방편으로 스타를 만들어 스타에게 열광하며 대리 만족을 경험하고자하나 소외의 그늘은 더욱 깊어갈 뿐이다.

카프카의 변신은 소외가 우상으로 평범한 모든 사람들의 삶에 자리잡고 있음을 잘 보여준다. 주인공 그레고리는 밤새도록 악몽에 시달리다가 깨어난 어느 날 아침, 끔찍스런 커다란 해충으로 변해 있는 자신을 발견한다. 그동안 외판사원으로 온 가족의 생계를 책임졌던 그가 어느 한 순간 온 가족의 혐오의 대상이 된 것이다. 흉측스런 모습으로 방에 갇혀서 쓰레기 같은 음식으로 연명하던 어느 날, 화를 내는 아버지를 보고 달아난다. 아버지는 무자비하게 사과를 던지고 그 중 한 알이 그에게 치명상을 입혀 죽어간다. 그는 등에 박혀 썩은 사과와 먼지로 뒤덮인 곪은 상처의 고통 속에서 예전의 식구들을 감동으로 회상한다. 그리고 그는 가족을 위해 없어져야 한다는 단호한 생각을 갖고 숨을 거둔다. 가족들은 곧 쓰레기통에 던져질 그레고리의 시체 앞에서 가엾게 생각하기보다는 그로부터 해방되었다는 안도의 숨을 쉬고 신에게 감사하는 기도를 드린다.

비인간화된 사회를 섬뜩하게 잘 묘사하였다. 이처럼 새로운 시대의 우상인 '인간성 소외'의 모든 현상을 타파해야 될 종교가 오히려 그 자체를 상품가치화시켜 경쟁에 몰두하거나 스타를 만들어 신도들을 맹목화시키고 있다.

이미 성직자의 수가 포화상태인데도 개 교단의 확장을 위해 학생수를 과다 배출하고. 같은 종교끼리도 생존을 위해 차별화 전략을 동원하여 약한 집단을 흡수해서 성장을 추구하는 일이 만연해 있다. 인간성을 회복시켜야 할 선교의 현장에서조차도 '남의 불행이 나의 행복'이라는 어처구니없는 일이 벌어지고 있다.

종교계에서도 일단 스타가 되면 우상이 되어 버리기에 그 집단에 속한 사람들의 건전한 판단력이 마비되어 끝없는 흡인력이 생겨난다. 종말을 가장해 가산을 다 빼앗겨노, 신성한 헌금을 가장해 언론이나 기업에 투자해노, 시구촌이 횡당해히는 시건을 일으켰어도 여전히 그 스타에게는 인파가 차고 넘친다.

이미 재벌이나 학교 등의 세습이 사회적 비판을 받고 있음에도 거대 교회의 경우 별 저항 없이 세습을 진행시키고 있다. 분명 그 집단 안에 건전한 상식을 가진 사람이 많이 있을 터인데도 맹목화되어 버린 것이다. 결국 종교의 무용론이 나오게 되고 우선 합리적인 사람들부터 종교를 떠나기 시작해서 '외딴섬'으로 남을 가능성이 커진다

우리 시대의 우상은 더 이상 돌이나 나무로 만든 조각품일 수 없다. 그것은 누구도 그 조각품에 자기의 존재를 집어넣지는 않기 때문이다.

이 시대나 고대 세계나 우상은 보여지는 그 어떤 존재에 절대성을 부여하고 자신의 가치를 소외시키게 하는 모든 것이다.

종교의 자리는 우상의 자리와 병존할 수 없다. 신의 형상을 지닌 개개인의 가치를 부대 조건과 관계 없이 최우선의 자리로 위치시켜야 할 책임이 종교에 있다.

신비

종교적 동기는 셋으로 나누어진다. 먼저 기복적 동기로서 개인의 복을 추구하기 위해 종교 생활을 하는 것이고 다음은 구도적 동기로서 삶의 의미와 진리를 발견하고 추구하기 위해 종교를 선택하는 경우이다. 마지막으로 개혁적 동기가 있는데 이는 종교의 가르침으로 사회를 변화시키고자 하는 경우이다.

한국의 경우 단연 기복적 동기가 많고 또 이 기복적 동기를 부추기기도 한다. 기복적 동기가 종교에서 전혀 사라질 수는 없으나 구도적 동기나 개혁적 동기를 전혀 도외시한 채 애오라지 구복적 동기만을 추구할 때 이를 기복주의라고 명명한다.

기복주의가 되어 버릴 때 종교가 가진 신비는 개인주의적인 것이 되어버려 종교의 사회에 대한 긍정적 기능은 다 사라지고 부정적인 모습만 극대화되게 된다.

우선 역사에 대해 무관심해진다. 지나간 과거를 전체적으로 조망하고 다가올 미래에 대해 공생의 견지에서 식별하고자 하는 마음이 없어진다. 일상적인 생활이 극도로 이기적일 수밖에 없는 현실과 더불어 생의 근원을 드러내 주어야 할 종교마저 다시 이기적 본능을 자극하기 때문에 역사에 책임을 지고자 하는 일 자체가 낯선 일이 된다.

또한 공동체성을 상실한 복 빌기를 주요 일과로 삼는다. 공동체성이 있다 해도 심각한 집단이기주의 수준으로서 같은 신을 믿고 한 형제 자매라고 불리는 같은 교단 안에서도 치열한 경쟁이 벌어진다.

이 경쟁에서 낙오되면 저주받은 것으로 판명되고 이 경쟁에서 승자가 되면 신의 축복을 받은 것으로 해석한다. 하나 이 경쟁의 승자는 단 한사람밖에 없고 모두가 다 패자이다. 그 피라미드형의 정점에 서 있는 한 사람의 지도자만이 실용적 의미에서의 승리자일 뿐이다.

종교적 의례도 흐드러진 진한 한판의 굿이다. 큰무당을 중심으로 억울하고 답답한 개인의 사정을 다 해결해 줄 것만 같은 신명나는 분위기로 집례한다.

입시철만 되면 교우들의 자녀가 잘 팔리는 대학에 입학히도록 특별기도회가 열린다. 이때마다 신은 딜레마에 빠진다. 한정되어 있는 대학 입학 정원보다 더 많은 사람이 부르짖고 기원하는 함성 사이에서, 기도는 안 드렸어도 성실히 준비한 학생과 준비한 일 없이 타력에만 의존하려는 학생들 사이에서, 자칫 신마저도 청탁에 눈먼 존재가 되어야 할 현실이다.

이런 기복주의는 곧 헌금의 영역에서도 나타난다. 헌금을 드리는 목적이 물질의 보상을 위한 투자의 성격이 되면서 그 종류만도 십수 가지로 늘어나 버린다. 이처럼 종교가 기복주의화되면 결국 사회적 공신력을 상실하게 되어 퇴출의 대상이 된다.

또한 생명 공학 사회의 성격과 기복주의는 동반하기 어렵게 된다. 기복주의의 핵심에는 개인의 감각적 신비가 자리잡고 있는데 바로 이 감각적 신비를 종교가 아닌 과학이 대체해 버린다.

이미 모든 질병의 치료에 대한 길이 열려 있어서 기복주의의 '치유 기능'을 더 신속히 확실히 대체하고 있고 시·공간을 초월한다는 텔레파시류(類)의 '초월 기능'도 고도의 테크노 스페이스가 대체하며 자녀 출산을 위한 '소원 치성'도 이제 의사가 더 잘 이루어주게 된다. 장수(長壽)를 신의 복이라고 했던 교리도 더 이상 적합하지 않다.

그러므로 존재 성격의 변화를 이루는 구도적·개혁적 신비를 제거한 기복주의의 '감각적 신비'만을 종교의 존재 이유로 계속 설정하면 순식간에 그 종교는 와해된다.

이제 '신비'에 대한 재정의가 필요하다. 감각적인 환영이나 기능적인 치병(治病), 부요, 성공 등이 아니라 존재의 변화, 즉 인격적 변화를 신비로 보아야 한다.

불교도는 그의 인격이 부처를 닮아 모든 일에 '부처가 그랬듯이…', 기독교도는 그의 인격이 예수를 닮아 하는 일들마다 '예수가 그랬듯이…' 비운 마음과 아가페적 사랑의 꽃을 피우는 일이 '신비'의 처음이고 마지막일 뿐이다.

순결

농경 사회 이후로 정착된 고등 종교들은 결혼 예식을 통과한 가정만을 정상적인 가정으로 받아들이고 있으며, 한번 혼인한 후에는 죽음 이전에는 이혼을 금기시하면서 혈연에 의한 사랑을 신과의 사랑에 비교할 정도로 지금의 가족 제도를 절대시하고 있다. 그러나 생물공학은 이 금과옥조를 휴지로 만들고 있다.

그것은 불임을 극복하기 위하여 연구되던 발생학적 테크놀로지가 유전자 조작을 이용하여 능력이나 성향을 바꿀 수 있을 뿐만 아니라 단성 생식을 통해서 결혼하지 않고도 자녀를 갖게 함으로서 기존의 혈연의 정에 의해 묶였던 가족의 개념을 송두리째 바꾼다.

기나긴 인류의 역사에서 일부일처가 정착된 것은 비교적 근래의 일이다. 모건(Lewis H. Morgan)은 원시 사회에서는 집단혼(集團婚) 형태였다고 규정했고 이후 일부다처제(polyginy), 일처다부제(polyandry), 방문혼(訪問婚) 등이 있었으며 오늘날에도 그 흔적이 남아 있다.

그러면 대가족에서 핵가족으로 분열한 오늘날의 가족 형태는 생물학의 새대를 맞이해 새 밀레니엄의 초기 단계인 2020년쯤에는 어떤 전형을 갖게 될까?

한사람의 생애의 길이가 지금보다 2배 이상 늘어나게 될 시대에도 지금과 같은 가정 구조가 지속될 수 있을까?

런던 정경대학(LSE)의 제인 팰킹엄 교수는 "세대차와 사고의 진폭이 차츰 좁아져 가고 있는 현대 사회의 부모·자녀 관계가 미래 가족 제도에 주요한 변화 요인으로 작용할 것"이라고 주장하면서 "과거처럼 혈연으로 묶여 부모·자식간 윤리적 의무에 따라 강요되는 타율적 가족 관계가 아니라 공통의 취미와 생활을 함께 하는 선택에 의한 인위적 가족 구성 제도가 보편화될 것이다"라고 전망한다. 동성애가 인위적인 선택보다는 자연(自然)의 결과라는 것이 밝혀지면서 이들 또한 가정 형성의 권리를 주장하며 생명 의료 기술의 도움으로 자손을 갖고자 한다.

미래 사회의 모습을 예측·진단하는 미래학 연구 기관인 영국의 '헨리센터'는 더 나아가 전통적인 혼인 및 가족 제도 소멸까지 예고했다. 최근 발표된 미래 진단 연구 보고서 〈새로운 차세대: 2020년의 삶의 방식〉은 과도기적 가족 형태인 다세대 가정에 이어 선택에 의한 인위적 가족이 나타난다면 결혼과 혈연으로 맺어진 전통적 가족 제도가 종국에는 해체될 것이라고 내다보았다.

실물의 파트너보다도 더욱 안전하고 자극적인 본능의 해소가 가능해지고, 종족 보존의 욕구가 결혼이라는 제도를 통하지 않고도 가능해지기 때문에, 10개월 간의 임신과 출산의 고통으로 자녀를 갖는 사람이 야만인 취급을 받게 된다.

그래서 헨리연구소의 보고서는 2020년의 사회에서는 '가족' 이라는 단어 자체가 사형 선고를 받게 될 것이라면서 앞으로 25년 안에 역사의 유물로 사라지게 될 것이라고 주장한다. 자발적 선택에 의한 인위적 가족구성이 가능해지면서 사회적 강요에 의한 가정 형태의 획일화가 무너지며 다양한 형태가 만발한다. 그 예로 이미 우리 주변에 무 자녀 가족, 모자 가정, 다세대 가족, 동거 가족, 이중 핵가족, 개방 가족 등이 점차 증가하고 있다.

21세기 초에는 남녀가 '백년해로 서약' 을 사회에 공표하는 형식 절차 없이 남녀 쌍방의 편의에 의해 한시적 동거에 들어가는 계약 부부가 남녀 결합의 주류를 이룰 것이라는 전망이다. 헨리센터가 다시 성급하게 '혼인 및 가족 제도에 대한 사형 선고' 까지 예측한 것은 '융통성과 유연성' '자기 선택' '자급 자족' '특권 박탈' '남녀의 실질적 평등' 등으로 특징 지워지는 새로운 시대의 의식이 직업, 부부 관계, 남녀 관계, 가족 제도 등에 큰 변화를 가져오기 때문이다.

우리의 삶의 정황은 인간의 평균 수명이 길어지면서 직업관과 직업 행태에 큰 변화가 일어나고 있다. 평생직 장·영구 고용 관계가 없어지고 대신 그때그때 단기적 계약에 의한 직업이 주종을 이루어 피고용 인구의 과반수가 임시직에 종사한다. 또 많은 사람이 재택 근무를 하게 되므로 가정은 휴식처뿐만 아니라 일터 및 놀이·유흥 장소로서의 복합 기능을 갖게 된다.

여전히 남녀가 만나서 삶의 동반자로서 일단 부부 관계를 맺겠지만 편의에 따라 평균 20년 안에 헤어져 따른 파트너를 만나는 이른바 '거듭되는 일부일처제(Serial Monogamy)' 가 정착된다. 또 여성의 5분의 1이상이 아예 자녀를 바라지 않아 결혼 후 첫아이를 갖는 여성의 나이가 40대 후반으로 크게 늦추어질 전망이다.이처럼 남녀가 함께 사는 기간이 짧은 데에다 여성이 출산까지 기피한다면 전통적인 가족 제도의 내부 구조는 어떤 형태가 될까?

먼저 완전한 남녀평등이 구가되는 미래 사회에서는 오랫동안 남성이 독점해온 직업 가운데 많은 부분을 여성에게 빼앗기고 가정에서는 남성이 '하우스 허즈번드(House husband)'로서 전통적인 여성 몫이던 가사일까지 나누어 담당한다. 결국 빵을 해결하던 가장이자 보호자라는 남성의 지배자적인 위치도 차츰 허물어진다.

21세기 중반이 되면 가정이 해체되면서 가부장적 사회에서 모계사회호 이동하게 될 것이다. 또한 사회는 더욱 더 개인 본위로 움직이며 일과 가정의 경계가 희미해질 것이다.

현재의 가족 제도를 보존하고 연장하기 위한 시도로서 가족구성원, 부부가 모든 것을 공유해야만 한다는 시스템에서 벗어나 공유의 부분을 최소화하면서 개인의 삶을 어느 정도 보장해 주는 방안이 모색될 수도 있다. 그러므로 생물 공학은 인류가 당면한 딜레마를 덜어주는 동시에 사회의 기초 단위인 가정마저 허물어버리는 더 어려운 사태를 아기할 것으로 보여 아이러니가 아닐 수 없다.

닫힌 교리

인간은 미개하거나 개화되어 있거나 자기의 힘이 미치지 못하는 그 무엇에 대한 누미누스(numinous, 경외감)를 가지고 있다.

'누미누스'를 갖는다는 것은 곧 '누멘'(numen, 신성·신적인 것)의 실재를 경험하고 피조물의 한계를 느끼는 것이다. 그래서 베르그송

(Henri Bergsong)은 "종교가 없었던 사회는 존재하지 않았다"고 하였고, 이성적 인간(homo sapiens)을 종교적 인간(homo religious)라 부를 것을 제안하기도 한다.

자연을 가공하지 않고 수렵 채취하던 원시인들에게는 홍수, 번개, 바위, 산 등 자연이 큰 '누미누스'의 대상이었다. 특정 사물에 정령이 있다고 보고 신앙의 대상으로 생각하는 애니미즘과 동물이나 조류 등 생물을 숭배하는 토테미즘을 갖고 있었다.

기원전 3000년경 유프라테스 강 주변에 처음으로 관개 농업이 발달하면서 오리엔트 문명이 열렸다. 비로소 홍수, 습지, 낮과 밤의 기온차, 가뭄 등을 극복하려고 시도했고, 동물들을 사육하기 시작했다.

서서히 자연은 경외의 대상에서 이용의 대상으로 바뀌어 갔으며. 유목 생활에서 정착 생활로 촌락을 이루며 살게 되면서 자연 이외의 공동체를 유지하는 데 도움이 되는 새로운 '누미누제'의 필요성이 대두된다.

이에 야스퍼스가 위대한 '축(軸)의 시기'(axial period)라고 부르는 B.C 800~200년경의 기간에 중국에서 유교와 도교, 인도에서는 붓다, 이스라엘에서는 이사야, 예레미아, 아모스 등의 예언자들이 나타났다.

이후에 기독교와 회교가 출현하여 당시 세계에 보편적으로 필요한 교리를 가지고 인종·민족·국적·성별을 초월해서 무릇 사람이 살고 있는 곳이라면 어디든 퍼져가는 세계 종교(world religion) 형태를 띤다. 그로부터 서구 문화의 원형으로 기독교가 자리잡았고 동양에서는 불교와 유교가 그 중심을 담당했다.

거의 2000년 동안 인간 내면의 질서를 형성시켜 준 기존 종교가 정보화와 생명 공학의 물결 속에 일부 기존 교리의 부적합함을 드러내고 있다. 우선 서구 사상의 한 축이었던 기독교를 살펴본다.

기존의 교리(Dogma)가 형성될 당시의 콘텍스트와 지금의 콘텍스트가 너무 판이하다. 교리 형성기에는 주로 교리의 정립 목적이, 이미 신을 섬기고 있지만 신앙의 내용이 혼동스럽고 위험한 부류들을 대상으로 하는 변증이었다면 지금은 신은 물론이고 자아의 중심성마저 부정해 버리는 '비트의 세계관' 이 지배적이기 때문에 기존 도그마를 발전적으로 개방할 때가 되어버렸다.

중세기 때 교회는 르네상스라는 새로운 변혁 앞에서도 교회의 기초를 토미즘(Thomism, 감각경험을 통해 신을 알 수 있으며 이성적 탐구인 철학과 신학은 일치한다)에 두고 교황과 교직자를 신의 대리자라고 고집하다가 종교개혁을 만나게 되었다.

당시는 이미 14세기경부터 봉건 체제가 무너지면서 교회 중심의 중세 문화가 쇠퇴하는 가운데 휴머니즘과 자연 과학의 발달로 인간이성에 대한 신뢰가 높아지면서, 현세의 사물을 신과의 관계 없이 바라보고자 하는 현세주의가 대두하던 때였다.

이런 위기 앞에서 종교개혁자들은 아리스토텔레스적인 토미즘의 자연주의 신학을 벗겨 내고 플라톤적 이원론의 사상을 도입하여 인간 이성의 타락을 주장하면서, 구원은 업적보다는 신앙에 의해 주어지고 그 신앙은 교회의 권위에 맹종하는 것이 아닌 오직 그리스도에 대한 믿음이라고 하며 성경과 은총 사상을 강조하면서 개신교를 태동한다.

이처럼 르네상스는 곧 중세 교회의 믿음이었던 천동설(天動說)의 오류를 밝혀냈고 교황의 천체중심적인 권위가 무너지면서 근대로 이어지는데 그 전위(前衛)에 데카르트(Rene Descartes, 1596∼1650)가 서있다

데카르트는 더 이상 의심할 수 없는 가장 확실한 기본 명제를 "나는 생각한다. 그러므로 나는 존재한다"(cogito, ergo sum)로 삼았다.

이때부터 인간의 이성은 통합된 우주와 미분화된 자연 세계로부터 자신을 분리시켰는데 따라서 이후로 인간의 이성은 스스로 객관화된다. 이

는 인식론적으로 볼 때 자신을 제삼자의 입장에서 객관적으로 보면서 자신을 스스로 독립하는 자로 보는 주체적 자율성을 소유하였음을 뜻한다.

이러한 '근대의 책략'에서부터 종교의 터전은 흔들리면서 위협 당하며 신의 세계를 세우는 것은 더 이상 국가나 제도의 몫이 아니라 개인의 몫이 되었다. 사실상 루터의 종교개혁도 종교를 객관적인 자리에서 주관적이고 심리적인 수준으로 바꾸었다는 지적도 있다.

형이상학에 대한 가장 격렬한 비판은 20세기 초엽에 이루어졌다. 철학적 진술의 의미 검증을 통해 철학을 과학화하려는 논리적 실증주의자들은 분석 명제도 종합 명제도 가져오지 못하는 형이상학적 탐구는 인지적으로 무의미하다고 비판하여 배격하였다.

여기서 인격적인 신은 사라지며 전통 신학의 개념들은 하나의 의미론적 현상으로 환원되어 버린다. 교육의 내용도 개인의 자아가 궁극적인 실체가 되어 자신의 경험을 통해 최선이라는 것을 선택하도록 해 보편적 가치의 결정 불가능성만이 남게 되며 이성은 절대 이성으로서 폭력을 행사하기 시작한다

정보화 사회를 풍미하고 있는 해체·탈근대·후기 구조주의의 철학자들은 근대 서양에서 자아 또는 주체에 대한 논의의 출발선으로 삼았던 데카르트의 "나는 생각한다 고로 존재한다"(cogito)는 식의 절대 주체적 존재론마저 비판하고 해체한다.

그 명분은 과거의 주체 개념이 투명한 사유 능력을 갖고 실재(實在)를 명석·판명하게 파악할 수 있음을 전제로 하고 있지만 실제 상황은 그렇지 못하다는 것이다.

이처럼 20세기를 넘기고 과도기에 선 지금 우리는 지난 수 세기 동안의 지성사를 대변해온 '근대성'(modernity)마저도 종말을 경험하고 있다. 이러한 탈근대성은 무엇보다 다원주의로 이해된다. 다원주의 시대에

서는 형이상학이 분명하지 않다면 그 종교의 정체성이 사라지고 하나의 문화 장르로만 남기 때문에 이때 종교 교육 철학의 형이상학적 전제를 신의 유무와 이상적 목적, 기능과 인간 그리고 사회와 우주의 관계 등을 규명하는 요소로 삼되, 닫혀진 형이상학이 아닌 열려진 형이상학이 필수적이다.

일본에 "나무토막도 믿기 나름"이라는 속담이 있다. 나무토막 같은 하찮은 사물이나 일도 신뢰의 대상이 되면 갑자기 특수한 가치를 지니는 경우가 있다는 의미이다. 개인의 지식이나 '종교적 가치'는 어떤 모양으로든 일상의 사회와 결부된다.

그렇다면 형이상학에서의 진리, 신학에서의 교리란 말하자면 실용적 성과, 즉 신학이 인간의 새로운 형성과 변혁을 위하여 어떤 역할을 하느냐는 점으로 판명되어야 마땅하다. 단지 설명 내용만 가지고 평가한다면 미셸 푸코의 지적처럼 화자(話者)—성직자, 교수, 언론인 등 지식을 전달하는 사람—와 청자(聽者)사이에 권력 관계가 발생하게 되어 화자는 언제나 무슨 일이든 자신을 정당화, 합리화시키며 변명이 가능하지만 청자는 늘 화자의 전달 사항에 얽매이며 수동적 존재가 되고 만다.

따라서 강론, 교수 행위, 신학적 내용 등의 참과 거짓은 현장에서의 변혁적 프락시스 또는 변혁적 '프라그마'에 의한 효율 및 결과로 나타난다는 것이다.

그런데 화자의 언어와 발설한 언어의 행동화가 함께 이루어질 때 그의 가르침이 사회적 변혁의 에너지가 되는데도 이제까지 철학자들이나 종교인들은 세계를 다양한 방식으로 해석하는 데에만 주력해 왔다. 마르크스와 엥겔스의 '열한번째 테제'처럼 이제는 세계를 변혁시켜야 할 때인 것이다. 당연히 현장성이 없는 거창한 형이상학의 담론들, 숭고한 종교적 이론들을 해석만 해서는 아무 것도 할 수 없는 시대이다.

그러나 열려진 형이상학은 인류애 위에 성립되기 때문에 정체적이지 않고 창조적으로 사회를 화합하게 하며 진화시킨다.

이는 베르그송(Henri Bergsong)이 말한 동적(動的) 종교와 같은 형태를 띤다. 즉 동적 종교는 현상을 유지하려는 정적(靜的) 종교의 기능을 넘어서서 인류를 사랑으로 무한히 발전하게 하는 길을 열어주는 종교이다.

닫힌 규범

우리 시대의 사조(思潮)가 되어버린 탈구조주의와 해체주의는 우리사회에서 다원주의로 나타난다. 다원주의 사회에서 '닫힌 규범'은 설자리가 없어진다. 다원주의적 틀 속에서 다양성이란 정체성의 다양성을 의미하며 기존의 여러 권력—종교나 주류 담론 등—과의 비대칭성이 구현하는 차이의 발현적 효과에 의한 것이라기보다는 인간 존재의 조건이 되어버린다.

또한 가상 공간의 탈공간성으로 인해 더욱 해체적 사고를 갖는다. 공간이 없는 가상 공간을 실제의 공간으로 활용하는 신세대들의 언어는 포스트 구조주의가 말하는 언어의 물질성 즉 담론(discourse)—언어와 사물간에 존재하는 새로운 간극—으로 이해된다. 신세대들의 담론 이론은 현실에 대한 표상으로의 공간 또는 기호들에 의한 상징적 공간에 자율성을 확보해 준다. "언어는 전적으로 담론이다. 그 이유는 기호들의 체계를 가로질러 지시된 대상 그 자체에게로 나아가는 한 단어의 독특한 힘이기 때문이다." 신세대는 이러한 담론적 실천을 통해 자신들만의 이질적 문화 공간을 확보해 간다. "신세대에게는 설명하지 말라. 단지 표현하라." 이러한 신세대 언어는 기호들의 체계를 가로질러 '신세대라는 육체'를 향해 직접 나아가고 있다.

전자 네트워크에서 순식간에 유포되는 이미지와 함께 살아가면서 중심의 해체를 자연스럽게 받아들인다. 이미지와 물건의 차이를 보지 못하면 상징 행위는 초월적인 영역에 있을 수밖에 없다. 상징을 물건에서 분리시키면 중력과 그에 따른 모든 것도 떨어져 나간다. 여기서 더글러스가 말하는 공감몽환(consensual hallucination)이 창조되는 반면 구조의 중심은 해체된다. 리얼리티는 더 이상 위로부터 규정되지 않으며 이제 위계 서열은 대개 무의식적 몰입에서 생기는 무중력으로 대체된다.

가상 공간의 탈공간성은 포스트주의에서의 해체적 사고와도 접합 지점을 갖는다. 여기서 해체란 자크 데리다(J. Derrida)가 말하는 이성 중심의 전통에 대한 반발을 의미한다. 데리다는 전통적 사유 개념을 허물고 또 철학과 미학적 담화 사이의 약정적 구분을 철폐하기를 시도한다. 그는 이러한 편견은 이성적인 동일률과 모순율을 따르지 않는 모든 의미를 가치 없는 것으로 간주하는 서구 형이상학의 '로고스 중심주의적'(logocentric) 편견에서 유래되었다고 주장한다. 이러한 해체 움직임은 모든 비트화된 사회의 중심 패러다임으로 작용한다.

먼저 해체 작업은 모든 사회적인 것의 설정성을 넘어서는 것에서 시작한다. 따라서 사회적 총체성은 다양성으로 대체된다. 여기서 "사회 관계에 대한 어떤 본질주의적 접근도 부정하는 개념화는 모든 정체성의 성격이 불안정하며, 요소들의 의미를 어떠한 궁극적인 문자성(literality)으로도 고정시키는 것이 불가능하다"는 것이다. 그런데 여기서 주목해야 할 것은 설정성의 부정은 주체의 부재(不在)로까지 나아가 그 자체로서 합리적이고 투명한 행위자로서의 주체관, 주체의 위치들에 대해 상정된 통일성과 동질성, 그리고 사회적 관계들의 기원 및 토대로서의 주체 개념—엄격히 말해서 구성원의 문제—에 대해서까지 해체되는 것이다.

그러므로 전통의 철학이나 종교 교리의 정신 등이 존중은 되어야 하겠으나 입법화될 수는 없다. 신앙인의 삶의 자리란 결국 이 세상 속에 있는 나의 삶 자체이기 때문이다. 만일 나 아닌 타인이 제시했던 '누미누스'에 얽매이는 것은 신앙의 실존성은 물론 나의 정체성을 포기하는 것이며 개인의 생(生)을 이론화하는 것이 된다.

지난 시대 서로 절대적이라고 주장했던 닫힌 진리로 다시 21세기의 중심을 세우기가 어렵게 되었다.

서구의 주요한 종교들은 특히 율법적 성격이 강하다. 율법주의는 경전과 법칙의 정신에 대한 관심보다는 그 경전과 법칙의 문자(文字)에 신경을 쓰며 각자가 처한 상황을 고려하지 않는다. 중세기에는 동성연애를 하는 자들을 구약 성경을 인용하여 기둥에 매달아 화형에 처하였다.

윤리학자 러셀(Bertrand Russel)은 "오늘에 이르기까지 기독교인들은 정치인들이 뇌물을 받아먹는 일이 간음죄보다 천 배나 더 해로운 것임에도 불구하고 간통죄보다 죄가 훨씬 덜하다고 생각한다"고 지적한다. 이런 생각을 가진 종교인들을 마크 트웨인(Mark Twain)은 "가장 악질적인 행동을 하는 가장 선한 사람"이라고 부른다.

인간들끼리 '죄'라고 인정하는 그 어떤 것들은 결국 시대적·법률적·도덕적 죄이다. 그리고 이때 법률과 도덕은 물론 종교에서 제시하는 신앙의 규범 속에도 이데올로기, 즉 정치 이념의 산물도 있음을 간파해야 한다.

한국의 2대 종교인 불교나 기독교도 그 예외는 아니다. 불가에서는 모든 이들, 흉악범 속에서조차도 불성(佛性)이 있음을 알고 인연(因緣)을 소중하고 귀하게 만들어 간다.이것이 인연법의 열린 규범인데 지금은 금생의 고난과 가난 등을 전생의 잘못이라고 가르쳐 인연법을 완전히 닫힌 규범으로 만들었다.

교회에서도 고통의 현실을 기도나 헌금이 부족한 것으로 해석하게 하여 잘못된 부, 권력에는 면죄부를 주고 억압받는 사람들에게는 더욱 죄의식을 갖게 하여 변혁의 에너지를 다 소진시켜 버린다.

이제 서구식, 또는 동양식, 이슬람식 가치관 등 모든 언표(言表)를 상대화시키고 종교들이 제시하는 초월적 존재는 각 사람의 제한적 통찰보다 무한히 크다는 것을 의식하고서 열린 마음으로 진리를 탐구하는 (true-seeking) 자세만이 흔들리는 터전에서 새로운 중심을 찾는 유일한 길이다.

새로운 창세기

새로운 창세기

1. 테크노 스페이스

매체가 주는 자유

어제까지 컴퓨터는 숫자와 문자 정보의 처리가 주종이었으나 이제 컴퓨터는 문자뿐만 아니라 그림, 음성, 동영상 등 멀티미디어 성격을 갖추고 초고속 정보 통신망과 연계될 뿐만 아니라 지능화, 인터페이스(interface) 쪽으로 진전되고 있다. 그리하여 컴퓨터는 21세기 중반에 이르면 보통 사람의 정신 기능(human mind)을 추월할 것이라 한다.

또 하나의 바벨탑이 세워지고 있는 것이다. 이번에는 수직탑이 아니라 수평적인 네트워크로서 곧 메가넷(mega-net) 세상을 맞이하면서 진 세계가 전자로 코팅되고 있다.

인류 문명사의 발달은 바로 커뮤니케이션 발달사라 할 수 있으며 매체의 발달은 곧 인간 능력의 확장이다.

인간의 최초 매체는 '구두(口頭) 매체' 였다. 그 당시 인류는 다른 사람과 의사 소통을 하고 싶다면 그 사람을 직접 만나야(face-to-face communication) 했으며 '음성' 이라는 것이 입 밖으로 나오고 난 후에는 흔적이 남지 않기 때문에 인간의 의사 소통은 일회성에 그칠 수밖에 없었지만 언어는 의미 공유의 수단으로 사회라는 인간 공동체를 탄생시켰다.

그후 '흔적이 남는 매체' 가 등장하자 인간은 타인과 대화하기 위해 반드시 직접 만나 이야기할 필요가 줄어들었다. 고대 이집트의 상형문자나 동굴의 벽화, 돌에 새긴 글 등이 그 흔적으로서 나의 생각을 남겨놓아 그 당시로서는 가히 '혁신적' 인 커뮤니케이션 수단이 등장한 것이다.

좀더 편리하게 사용할 매체의 필요성이 대두되면서 '종이' 가 발명된다. 가벼우면서 쓰기 편한 종이가 본격적인 '기록' 을 가능하게 함으로써 비로소 진정한 '지식의 축적' 이 이루어진다. 지식과 정보를 한 세대에서 다음 세대 또는 후대로 전수시킬 수 있게 함으로써 역사를 낳았고 인간 지식의 시간 초월(time-binding)을 이루어주어 지식의 누적 증가를 통해 인류 사회의 발전의 속도가 높아졌다.

이러한 인류 지성의 역사를 더욱 발전하도록 하는 계기는 서기 105년 채륜이 종이를 발명한 이후 독일의 구텐베르크가 제공했다. 그가 1437년 활판 인쇄기를 발명하여 사실상 지식의 대량 생산이 가능해졌고 서로 먼 거리에 있는 사람들끼리도 의사 소통을 할 수 있게 되었다.

지식과 정보가 대량 생산, 대량 유통의 길로 접어들면서 교회와 귀족들에 의해 독점되어 오던 지식의 대중화와 이에 따른 권력의 이동이 이루어지면서, 즉 종교 혁명과 시민 혁명을 불러 왔다.

19세기 중엽 이후 근대에 들어서 신문, 라디오, T.V 등 본격적 대중 매체의 발달은 '직접 대면' 의 불편함 없이도 지리적 공간과 거리를 초월하여(space-binding) 서로 의사 소통할 수 있도록 이어주는 강력한 '연결고리' 역할을 하게 되었다. 이처럼 매체가 발전함에 따라 점점 생각을 공유하고 교환할 수 있는 지역적 범위는 넓어져만 갔다.

매체의 발달은 거리를 초월하고자 하는 인간의 욕구를 차츰 해소해 준다. 이러한 인간의 욕구를 극대화시켜 주는 것이 '인터넷' 이라는 전세계를 묶는 네트워크의 구축에서 비롯되는 가상 현실에서 극대화된다.

가상 현실 세계(Virtual Reality)는 볼 수는 없지만 스크린 뒤에 분명히 존재하는 공간이며 직접적인 만남이 없이도 모든 관계가 이론상으로는 가능해진다. 컴퓨터로 인간의 오감, 즉 시각·청각·미각·후각·촉각을 가상 공간에 실현해 실제처럼 느끼게 함으로 자연 법칙을 넘어서 우리의 머리 속과 감각이 필요로 하는 정보를 가상 현실로 제공한다.

21세기 중반이면 인터넷은 개인의 의사뿐만 아니라 더 나아가 경험까지도 전달할 수 있게 된다. 특별히 흥미로운 촉각·시각·청각·후각·미각을 경험하고서 타자와 그 경험을 공유하고 싶다면 가상 현실 기어(virtual reality gear)를 끼고서 그 기어에 송신자의 정보를 넣는다. 그러면 수신자가 송신자가 경험한 것과 똑같은 감각을 정확하게 느낄 수 있다. 뿐만 아니라 송신자는 본인의 경험을 복제할 수도 있고 그것을 많은 사람들에게 보낼 수도 있으며 연인들은 로맨틱한 프로포즈의 사건을 후일 자녀들과 손자들에게 그들을 탄생시켜준 사건으로 경험할 수 있게 할 것이다.

가상 현실은 증폭 현실(Augment Reality, 실제 이미지를 가상 이미지로 증폭시키는 것)의 기술 아이디어로 헬멧과 특수 안경을 통해 우리가 어디에 있는지 어디로 가는지 컴퓨터가 안다는 것이다. 가상 현실에는 먼 거리에 있는 실제 인물이나 사물을 컴퓨터가 바로 우리의 눈과 귀와 다른 감각 기관에 투사해 주며, 가공의 캐릭터나 가상의 현실 환경을 구현하거나 재현해 준다.

먼저 실제 존재를 거리와 환경에 관계 없이 연결해 주는 가상 현실이 있는데 멀리 있는 사람과도 상호 접촉하게 해준다. 3차원 안경을 끼고 물체를 느낄 수 있는 바디넷(body-net)을 착용하면 수천 마일 떨어진 곳에 있는 친구나 연인을 만날 수 있다. 서로 마주 보고 서로 웃고 말하고 바로 앞에 있는 듯이―거의 똑같이―접촉할 수 있다. 인터페이스에서 보고 느끼는 파트너는 멀리 떨어진 사람이 현실 세계의 이 곳에 부활한 화신 (avatar)인 것이다.

이 실시간(real time) 가상 현실은 의학 분야, 디자인 분야, 운전 연습 등 여러 분야에 적용이 된다. 외과의사가 한 남자의 종양을 절개하는 수술을 하면서 미니 로봇을 환자의 위장에다 집어넣고는 컴퓨터 스크린을 통해 살펴보면서 로봇을 움직이기 위해 조이스틱을 신중하게 움직인다. 원격수술도 하게 된다. 환자는 500km 밖의 어느 곳에 누워 있고 의사는 시애틀의 사무실에서 자신의 칼로 허공을 가르면 로봇이 수술을 하고 환자의 반응이 촉감 장갑을 통해 의사에게 전달된다.

마이클 더투조스(M. Dertouzos)는 추측하기를 결국에는 각자가 원격수술 시나리오의 환자라기보다는 의사가 되어 있을 것이라고 예견한다.

머지 않아 '열·후각 환경'도 재현이 된다. 가상 현실 환경에서도 꽃밭을 지날 때 나는 향기, 상처에서 나는 역한 냄새까지 맡을 수 있게 된다. 이런 촉감들까지 제대로 구현된다면 가상 현실은 더 이상 가상이 아니다.

결국 하드웨어와 모니터로 구성된 지금의 컴퓨터가 사라지고 모든 사물들이 전자로 코팅되어 정보와의 대화가 일상의 생활로 되어 냉장고는 주인의 기호와 식사의 종류를 파악해 체질에 맞는 건강을 유지하도록 조언할 것이고 변기는 대소변을 분석해 건강상태를 체크하는 일 등이 가능해진다.

가상 파트너가 제공하는 가상 섹스는 가상 현실 연구의 마지막 단계로서 인간의 모든 감각기관을 동원하는 총체적 활동인 성관계는 인간의 모든 감각 기관을 재현하는 작업이 완료되는 시점에 가서 가능하다. 수년 내에는 질병의 위험이 없는 가상 매춘이 가능해지며 먼 거리에 있는 연인과도 임신의 위험 없이도 전통적인 방식보다 더 강렬하고 안전한 섹스를 할 수 있을 것이다.

영국의 브리티시 텔레콤연구소에서는 '영혼 포획'이라는 개념으로 어느 한 사람의 모든 오감과 정신적 사고들을 실리콘 속에 기록, 분석, 색인해서 사후 가상 공간에서 재생시킨다는 믿기 어려운 도전을 하고 있다.

그렇게 되면 어느 위인의 지혜나 철학을 가상의 대화를 통해 나눌 수 있게 되며 어려운 선택을 앞두고 참으로 존경하는 이미 고인이 된 사람의 조언을 들을 수도 있다.

이처럼 동굴 벽화에서 인터넷까지 결국 매체가 걸어온 길은 환경의 제약을 넘어서서 인간 관계의 연결선을 연장시키려는 데에 있다. 언어라는 패러다임이 그동안 인류에게 커뮤니케이션의 주요 수단이었지만, 이제는 웹(Web)이라는 패러다임은 언어기 가진 물리적 장벽을 제거하였다.

새로운 매체는 창세기의 신이 선을 그어 놓은 시간 - 공간의 제약에서 인류를 완전히 벗어나게 크나큰 자유를 주려하고 있다.

나노 테크노피아

기원전 5세기 그리스의 철학자 데모크리투스(Demokritus)는 저음으로 원자론을 주장한 사람으로서 "모든 사물은 원자로부터 성립한다. 그러나 원자들은 그들 사이에 공허한 공간을 허락한다. 사물들의 분리 가능성은 이러한 허공을 기초로 한다"라고 말하면서 사유와 다른 정신적 현상들 역시 원자의 운동을 기초로 삼고 있다고 본다

이러한 데모크리투스의 원자론이 현대의 나노 과학자들을 흥분시키는 원동력이 되고 있다.

나노(n)는 10억분의 1m를 나타내는 단위로서 1나노미터(nm)는 원자 3,4개를 이어놓은 정도이다. 이는 야구공 하나를 지구크기의 비율로 확

대해 원자를 포도송이만큼 키워서 분리하고 조합할 수 있게 된다.

20세기 산업화 시대에 물질을 과소비함으로서 자원 고갈, 환경오염, 질병, 빈곤 등을 가져왔으나 나노 기술은 산업화가 가져온 역기능을 극복해 나갈 수 있는 대안이 되고 있다.

지금까지의 전자 공학은 정보를 비트와 바이트로 하나씩 빠르게 처리함으로써 정보처리에 혁신을 가져왔지만 나노 기술은 물체를 원자단위로 분리, 조합해 처리함으로써 물질처리 분야의 혁신을 가져오게 될 것이다.

지구온실화 문제, 공해 등도 이산화탄소를 분해하는 나노 공장을 통해 해결할 수 있으며 다이아몬드 같은 고가 물질도 무한히 만들며 초미니 나노 로봇이 사람의 몸 속에 들어가 바이러스 병균을 잡아먹는다. 건축, 통신, 교통, 음식 등 인간의 생활에 필수적인 분야의 값을 무한히 낮추어 줄 것이다.

지구 위의 모든 생물은 나노 테크놀로지가 가능하다. 즉 이 나노 세계에서는 물질의 분자 구성 정보만 알면 무생물은 물론 생물까지도 자유자재로 만들어낼 수 있다.

2020년경에는 PC를 마련하려면 미리 컴퓨터의 구성정보를 인터넷을 통해 알아낸 후 '나노 박스'에 조립방법 정보를 집어넣으면 잠시 후 진짜 컴퓨터가 튀어나온다.

나노 연구원들에 의하면 세포나 유전자도 결국은 수많은 분자의 조합체이기 때문에 이 조합 정보를 알아내고 분자를 통제할 수 있다면 생명체 조립도 충분히 가능하며 그 구성 정보도 지금의 소프트웨어처럼 인터넷으로 사고 팔 수 있다는 것이다.

나노 테크놀로지에서는 "모든 물질은 곧 소프트웨어가 될 것"이라고 과감히 주장한다. 이는 지구상의 모든 사물들뿐만 아니라 생명체, 곧 인간까지도 하나의 '재료'로서 실험과 조작이 가능함을 뜻한다.

신의 손에서 일어났다고 하는 있던 창세기의 사건이 이제는 인간의 손에서 더 정밀하게 일어나고 있다.

양자 컴퓨팅

지금까지는 '디지털' 컴퓨터에 관한 이야기였는데 이 디지털 기술의 연속적 발전의 추세가 끝나는, 불연속선 상태의 지점에서 발생하는 것이 양자 컴퓨터이다.

디지털 컴퓨터는 모든 정보를 0이나 1에 해당하는 '비트'(bit)를 기반으로 한다. 반면 양자 컴퓨터는 큐비트(qu-bits)—관찰자가 0이나 1로 의식하기 전에 동시에 0이면서 1의 값을 가진 비트—에 기초한다.

큐비트는 비트와 달리 양자역학에 내재하는 모호함에 근거한다. 양자역학은 원자보다 작은 입자들의 상호 작용을 기술하는 이론으로서 1927년 하이젠베르크는 입자들의 정확한 위치와 운동량을 알 수 없다는 불확정성의 원리를 발표하였다.

이 불확정성이 명료화되는 과정을 양자 디코히어런스(Quantum decoherence)—모호한 상태로 있던 입자가 관찰자의 직·간접적인 관찰에 따라 명확한 상태로 결정되는 과정—라 부른다.

하나의 큐비트는 동시에 두 가지의 정답을 가지고 있고 큐비트가 2개가 되면 네 가지의 대답이 가능해지며 1000개의 큐비트는 2^{1000} 개의 대답이 가능하다.

양자 컴퓨터의 핵심은 바로 이 수많은 정답 중에서 해답을 찾아내는 데에 있다. 따라서 현재의 디지털 컴퓨터가 자전거라면 양자 컴퓨터는 우주선으로 비교할 수 있다.

원자 이하의 실체들이 파동 상태에 있을 때에는 공간적으로 떨어져 있는 수많은 장소에 동시에 존재한다. 그 예로 전자는 한곳에 있지 않고 동시에 모든 곳에 존재할 수 있다. 이처럼 입자가 동시에 여러 곳에 존재하는 상태를 중첩(superposition) 현상이라 한다. 따라서 양자 세계에서 두 입자는 아무리 멀리 떨어져 있어도 서로 연결되어 있다. 두 입자가 거리와 무관하게 중첩되어 상호영향을 미치는 작용을 양자 얽힘(entanglement) 현상이 일어난다.

I.B.M의 연구원 정이삭은 "2030년의 양자 컴퓨터는 액체 상태의 분자가 연산을 수행하기 때문에 현재의 데스크탑 컴퓨터와는 다른 모습인 커피잔 모양일 것이다. 이 일이 일상화되면 지금의 모든 한계는 한 순간 무너질 것이다"라고 말한다.

고전 물리학자들은 두 입자 사이에 통신 수단이 없으면 상호 독립적이라고 보았으나 양자 기술은 서로간의 거리에 관계 없이 광속보다 훨씬 빠른 속도인 거의 동시에 통신한다.

일종의 텔레파시가 일어나는 것이다.

양자 기술은 또 하나의 가능성을 열어줄 것이다. 기계에 의식을 선물하는 일이다. 아직은 논란이 있지만, 옥스퍼드대학의 물리학교수인 로저 펜로스(R. Penrose)는 "생각(신경 세포의 신호)은 의식에 도달하기 전 양자 파동 상태에 있다"고 한다. 이 이론대로라면 기존의 컴퓨터로는 의식의 뒤에 숨어 있는 양자역학적 현상을 시뮬레이션할 수 없다.

하지만 양자역학의 세계에서는 인공 지능 연구의 문턱을 넘어선다. 여기까지 오면 컴퓨터가 사람의 두뇌를 스캔할 수 있게 된다.

이때가 되면 지금 우리가 갖고 있는 '죽음'의 의미가 무색해진다. 현재까지는 사람의 생명이 하드웨어에 의해 좌우되었다. 그러나 낡은 몸을 버리고 새로운 유기체에 우리의 뇌를 백업해 설치한다면….

2. 신인류

게놈 디자인

산업화가 물리학의 시대라면 정보화 사회는 생명 공학의 사회이다. 생명 과학을 이용한 제품들이 수년 내 생활을 대폭적으로 변화시킬 것이다. 유전 공학은 사물은 물론 동물에도 꾸준한 영향을 미치고 이재는 인간의 유전자의 신비를 해석하여 인간의 생명, 또는 생존 조건까지 미리 결정하는 단계까지 왔다. 심지어 유전자 재조합의 기술을 응용함으로써 자연 교배만 이루어졌던 종(種)간의 벽을 넘어 인위적으로 생체 기능을 개량할 수 있게 된다. 즉 유전자를 디자인하여 고통을 제거한 후 인간을 개량하고, 마지막은 새로이 진화된 생명체의 출현까지 이어진다.

게놈 프로젝트는 이미 완성되었으며 이제 게놈 디자인으로 넘어갔다. 게놈에 대한 연구는 1865년 중부 유럽의 수도원장인 멘델(Gregor Johann Mendel)이 완두콩에 대한 치밀한 연구를 통해 자녀에게 어떤 특징이 유전되는 방식을 발견하면서 시작되었다.

유전자에 대한 설명이 이루어진 것은 1944년 뉴욕 록펠러 연구소의 매클라인 매카티 등이 박테리아에 유전자의 정보가 담겨져 있다는 사실을 발견했을 때이다. 그 이후 D.N.A가 모든 생명의 보편적 언어라는 사실을 공인하게 되었다.

게놈 프로젝트는 D.N.A(디옥시리보핵산, 생명 정보를 담고 있는 분자 구조)의 명령어 집합을 해독하는 작업으로 연구가 완성되면 유전병의 예방 및 치료는 물론이고 태아의 장래 모습이나 잠재 능력 수준까지 결정할 정도로 엄청난 결과가 나타난다.

1950년대 왓슨(James Watson)과 크릭(Fransis Crick)은 'D.N.A는 두 가닥의 긴 사슬이 서로 약한 힘―수소 결합―에 의해 묶여 있고 수소 결합에 의해 뉴 클레오티드 염기가 그 사슬을 따라 순차적인 방법으로 배열되어 있음'을 증명했다. 네 가지 염기(아데닌, 사이토닌, 타이만, 구아닌)는 주어진 사슬을 따라 일정치 않은 순서로 나타나지만 그 각각은 반대편 사슬에 있는 상보적인 염기와 특별히 쌍을 이룬다.

위의 이중 나선의 발견은 분자 생물학이라는 새로운 분야를 열었고 분자생물학이 발전하여 분자 유전학을 낳게 된다. 1970년대와 1980년대를 거쳐 유전학은 침체의 늪을 벗어나 수수께끼로 생각되었던 질병을 이해하는 가장 중요한 전략으로 등장하게 되었다. 이러한 발전이 이루어지게 된 것은 인류 유전학―인간이라는 개체(個體)와 가계(家系)라는 군(群) 사이의 유전적 유사성과 차이를 중심으로 연구하는 것―의 전통이 박테리아, 효모, 선충(線蟲), 쥐, 그 밖의 다른 생물체를 대상으로 행해지는 분자 인류학과 합류되었기 때문이다.

초기 분자 생물학은 D.N.A, R.N.A 그리고 단백질 사이의 기본적인 관계를 이해하는 데 초점을 두었다. 여기에는 명백히 생명 현상을 분자 메커니즘으로 환원시킬 수 있다는 철학적 전제를 깔고 있다. 1980년대 초 작은 바이러스의 D.N.A 구조가 최초로 밝혀졌고 그 뒤를 이어 박테리아의 유전자 지도가 작성되었다.

유전자를 찾는 첫 단계는 문제의 유전자가 포함된 부분을 절단하여 여러 개의 D.N.A의 조각을 얻고 그 조각을 클로닝(cloning)—D.N.A 조각을 세균성 바이러스에 삽입시키고 이 삽입된 유전자 운반체를 벡터(vector)라고 하는데 이 벡터를 숙주인 박테리아 속으로 침투시켜 그곳에서 수십 억에 달하는 삽입 D.N.A의 복제물을 쉽게 얻는 방법—하여 활용한다.

하나의 유전자를 구성하는 염기는 수십만 개에 이르고 인간의 유전자는 약 10만 개이며 모두 4개의 염기가 60억 개씩 배열된 상태로 저장되어 있다. 이중 두 사람끼리 염기 서열이 다른 숫자는 불과 5백만 개, 전체의 0.08퍼센트 밖에 안 된다.

유전자 지도는 이미 밝혀져 데이터 베이스에 들어가 있으며 각종 생명 현상을 이해하고 설명하는 것이 가능해진다. 생물의 종에 따라 난이도는 있겠지만 모든 생물로부터 클론 만들기는 가능할 것이다. 물론 인간에게서도 가능하다. 클론 기술은 어떤 의미에서 생명의 합성이라고는 할 수 없다. 소재가 된 난세포와 핵은 살아 있는 동물에게서 얻은 것이기 때문이다.

그러나 현대의 생물학에서는 '생물의 합성' 이라고 할 때는 생물에 유래하지 않고 산 세포를 손에 넣을 가능성을 가리킨다. 즉 물실로부터 조립하는 방향과 세포를 해체하고 재구성하는 방법, 이 양쪽으로부터 연구가 연결될 때 과학은 생명의 합성에 성공하였다고 할 것이다. 생명의 합성은 우리가 미처 생각하지도 못한 방향으로 전개될 수 있다.

언젠가는 과학자들이 원자 단위의 물질까지도 창조하는 등 신망이 이할 수 있다고 했던 모든 것을 할 수 있게 되며 유전 공학의 기술 혁신은 의학과 농업을 완전히 새로운 것으로 만들어 놓으며 제2의 창세기를 쓰고 있다.

D.N.A. 디스크

각 개인의 유전자 정보가 완전히 파악되면 자신의 D.N.A. 염기 서열을 디스크에 저장해서 누구도 복제 불가능한 신용카드로 사용하며 몸에 이상이 생기면 자신에게 적합한 의사의 처방을 받을 수 있다.

게놈 디자인이 가능해지면 유전자 치료를 통해 천형(天刑)이라고 불리었던 유전병은 완치되며 정신분열증, 우울증 같은 정신질환도 치료가 가능해지고 질병에 보다 더 강한 내성(耐性)을 지닌 생명체가 탄생된다.

유전자 재조합 기술은 생명체의 기본 단위인 세포에서 유전자를 얻어내 유전 정보를 운반하는 운반체에 삽입시킨 다음 이 운반체를 원하는 세포에 주입시켜 발현시킨다.

즉 서로 다른 두 개 이상의 세포를 융합시켜 각 세포의 유용한 특성을 모두 가진 하나의 세포를 만드는 세포 융합 기술이다. 이렇게 되면 이미 유전병이 있는 환자에게 유전병을 치료할 수 있는 유전자를 인체 세포에 넣어 발현시킴으로 유전병이 치료된다. 예를 들면 AIDS나 불치병 등, 무한히 그리고 빠른 속도로 증식하는 암세포와 특정한 항체(ontio-body)를 생성할 수 있는 형질을 지닌 정상세포를 융합시키면 단시간 내에 많이 증식되어 목적하는 항체를 대량으로 생산할 수 있는 세포를 얻을 수 있다. 이미 인체의 생리 작용의 조절에 필수적인 '인슐린'은 오래 전부터 상품으로 활용되고 있다. 백혈병을 치료하기 위해서 골수 세포를 대량으로 단시일 내에 배양하는 생물반응기가 개발되고 있으며 곧 실용화될 전망이다.

더 나아가 아예 출생시부터 유전자를 미리 조작하고 치료하여 유전병 자체를 미리 막을 수 있다. 호주의 모나시 의과대학의 갭 코박 교수는 기술적 난제인 난자 냉동술이 완벽하게 곧 극복되리라고 보면서 다음과 같이 말한다. "21세기가 되면 자궁에 착상되기 전의 수정란 단계에서 D.N.A 구조를 분석해 유전자 질환 여부를 가려내는 연구가 진척되어 선천적인 기형아를 가진 부모는 없어진다."

이미 동물들의 감각기관인 눈과 귀 등은 시험관에서 배양하는 데 성공하였다. 일본 도쿄대 연구팀은 아프리카 개구리의 수정란(배·胚)에서 미분화 세포를 떼어내 특수 용액에서 배양하는 방법으로 근육, 혈액, 뇌, 눈, 귀 등 감각 기관을 만들었다. 이는 머지않아 신체 조직의 거의 전부를 시험관에서 만들어낼 수 있다는 것을 증명한 것이다.

인간 수명도 획기적으로 연장이 된다. 선사 시대의 인간 평균 수명은 20세 미만이었으며 로마 시대에 이르러서도 겨우 22세였고 중세 유럽에서는 40세였다. 이제는 의료 기술의 발달로 서구화된 국가에서는 대략 80세를 넘고 있다. 과학자들은 2010년이 되면 인간이 노화하는 원인이 규명되고 수명 연장을 위한 시도가 본격화할 것이라고 예상한다. 지금까지 알려진 노화의 주요 원인은 프로그램설(노화 유전자설), 착오설, 신경 생물학적 학설, 유리가설, 내분비설 등이 있다.

현재의 대다수 과학자들은 노화를 유전자(D.N.A) 손상으로 본다. 현재 밝혀진 바는 D.N.A가 어떤 이유로든 손상을 입을 때 반드시 복원 유전자가 원상태로 돌아가게 하는데 이 과정이 반복되면서 당초의 유전자와는 다른 변이가 생겨 노화가 진행된다. 따라서 D.N.A 복원 유전자를 활용하면 수명을 늘릴 수는 없지만 각종 노인 질환을 현격히 줄일 수 있을 것으로 기대하고 있다. 인간이 부모에게서 받은 23쌍의 염색체에는 약 10만 개의 유전자가 배열되어 있고 이 중 특정 유전자가 수명과 관련이 있는 것으로 학계에 보고되고 있다.

최근 대다수 노화 연구자가 집중적으로 연구하고 있는 것이 '텔로미어 가설' 이다. 세포의 염색체 끝 부분에는 염색체를 보호하는 텔로미어가 달려 있는데 세포가 분열할 때마다 텔로미어의 길이가 조금씩 짧아져 어느 길이가 되면 세포의 수명이 끝나면서 노화가 시작된다는 것이다. 1998년 초, 미국 텍사스대학 사우스 웨스턴 메디컬센터의 과학자들은 미국의 과학 전문잡지 《사이언스》 1월호에 세포의 젊음을 유지시켜 주는 데 있어 '텔로메라제' 라는 효소가 작용한다고 발표했다. 따라서 이 효소를 인위적으로 제어하면 암 퇴치는 물론 수명을 연장하는 것도 가능할 것으로 추정한다.

스탠포드대학에서 의학과 신경학을 전공한 포셀(Michael Fossel) 박사는 향후 20년 이내에 인간의 수명이 두 배 혹은 그 이상으로 늘어 날 것이라고 단언하면서 다음과 같은 근거를 제시한다.

"미래의 의학은 지금까지 인간의 평균 수명을 끌어내리는 주원인이 되어온 암, 심장병, 알츠하이머병 등을 정복함으로써 백세노인이 십대 소년의 건강을 유지하며 살아갈 수 있을 정도로 수명을 연장시킨다.

한 마디로 미래의 의학은 인간의 수명을 재는 시계 바늘을 거꾸로 돌려 사람들이 보다 더 젊어지고 그 젊음을 유지할 수 있도록 하는데, 이는 모든 사람이 가지고 있는 고유한 D.N.A의 구조를 연구해 유전 정보를 바꿈으로서 수명의 시계를 거꾸로 되돌림(reversing human aging)으로로 가능하다."

우리의 호주머니에는 언제나 독특한 D.N.A 카드를 가지고 다니며 신분을 확인하고 수명을 연장하도록 치료를 받으며 천성에 어울리는 직업을 선택하고 교제를 할 것이다.

수태 포기

인류의 불임에 대한 고민은 사라지게 된다. 전문가들은 현재 자연 불임률이 13퍼센트대이나 생활 환경이나 오염 등으로 인해 더 늘어날 것으로 본다.

자연 생태계에서는 이미 짝짓기에 관심을 보이지 않는 독수리들, 부화되지 않는 갈매기알, 작은 음경을 가진 수컷 돌고래 등의 사례가 빈번하며 인간의 정자수도 지난 50년 동안 거의 반이나 감소했으며 정자의 기형 증가도 동시에 진행되고 있다.

그러나 유전 정보를 잘 분석해서 유전 형질을 수정하면 불임을 충분히 극복할 수 있다.

난자가 미성숙한 불임의 경우는 난자 재생 기술로, 남성의 희소 정자증이나 정자의 운동성 부족 등은 고환 혹은 고환 속에서 정자의 머리 부분만 난자에 주입해 수정시키는 방법은 근래에 성공해 보편화되었다. 더 나아가 자궁이 없거나 이상이 생긴 여성이라도 난자(卵子) 냉동술과 인공 태반을 이용해 대리모 없이도 아이를 갖게 된다.

지금은 임신의 마지막 단계만 대신해 주고 있으나 20년쯤 뒤에는 수정에서 탄생에 이르는 전 과정이 해결된다.

남성의 정자와 여성의 난자를 몇년이든지 냉동해 두었다가 아기를 가질 필요가 있을 때 끄집어내어 수정(受精)을 시킨 다음 인큐베이너에 넣고 여기서 자라난 수정란 중 하나를 인공 태반으로 옮긴다. 여기서 아기는 엄마의 탯줄을 통해 영양소를 공급받는 것과 똑같은 환경에서 무럭무럭 자란다.

생명 공학은 인간에게만 국한하지 않고 자연의 생산물까지 조절한다. 생명 과학의 시대에는 유전 공학에 의한 제2의 녹색 혁명이 기대되어 식량 문제가 해결될 것이고 유전 공학의 마술에 의해 새로운 식료품들이 등장할 것이다. 지방질이 줄어든 고기를 먹고 잘 상하지 않는 채소가 나오며 벼 생산도 대폭 늘어난다.

다른 식물들 사이의 유전자를 서로 결합하는 새 변종의 식물이 더 많이 나온다. 캘리포니아대학 데이비스 분교에서는 생물학자들이 다른 식물의 유전자를 호두·사과·오렌지 나무 등에 도입함으로써 더 단단하고 병충해에 강한 나무를 만드는 중이다.

생물 공학 연구가들은 한 세포의 D.N.A에 발현시키고자 원하는 단백질에 대한 유전적 명령을 주입했을 경우 그 세포가 그 단백질을 발생시킬 뿐만 아니라 그것을 다른 세대에도 전가한다는 것을 알아내었다.

생명 공학 기술은 특별한 품종을 개발하거나 대량 생산하는 데에 그치지 않고 전멸 위기에 처한 품종을 구하는 데에도 사용된다. 평균 여러 배의 속도로 빨리 자라는 민물고기나 해물도 당연히 만들어질 것이며 종국적으로는 식물들은 동물들로부터 발현시키고자 하는 형질의 유전자를 주입 받을 수 있게 될 것이다. 예컨대 해충을 죽이는 유전자를 토마토 식물에 도입함으로써 해충을 피할 수 있다. 동물들은 인간을 위해 생물학적 생산품을 거의 공장과 같이 만들어 낼 것이다.

유전 공학이 더 발달하면 부모들은 유전 인자를 조작하여 자신에게 필요한 아기의 주문 생산도 가능하게 된다. 키가 크고 잘 생기며 머리도 좋고 운동이나 예술 등 특별한 재능을 가진 아기를 주문할 수 있다. 캡 코박 교수는 다음과 같이 설명한다.

"의사에게 '은갈색 머리카락에 남편처럼 녹색 눈을 가진 예쁜 딸을 원한다' 고 얘기하면 의사는 냉동실에서 남편의 정자와 아내의 난자를 꺼내어 수정시켜 배양 용기 속에서 48시간에 걸쳐 8개의 세포로 분열시킨다. 실험실 기사는 이 세포 덩어리(pre-embryo, 胚子의 전 단계)에서 세포 하나를 떼내어 건강한 상태를 확인한 다음, 수억 배로 증폭해 D.N.A 분석을 하여 남성이 되는 Y 염색체를 갖지 않은 세포를 선택한다. 물론 이때 저능아가 되는 다운증후군 등 유전 질환도 확인하고 유전인자도 조정

된다.

언제든지 임신이 가능하고 주문형 아기를 갖게 되면서 인간의 불임은 필연이 아닌 선택 사항이 될 것이며 지금과 같은 맹목적인 혈연(血緣)의식이 현저히 약화될 것이다.

생명 공학의 발달을 머지않아 피부로 느끼게 되면 이제 많은 사람들이 자녀 갖기를 미룰 것이다. 그것은 자연적 결합으로 태어나는 아이가 결코 주문 생산을 통해 태어나는 맞춤 아기를 따라갈 수 없기 때문이다. 실험실에서 충분한 게놈 조작을 통해 천부적인 자질을 갖고 태어난 아이를 결혼 관계에서 생긴 자녀가 아무리 좋은 교육환경에서 자란다 해도 경쟁하기는 애초부터 무리이기 때문이다."

생명의 접목

"나와 똑 같은 사람이 저기 걸어오고 있다면…."

복제 인간 시대가 다가오고 있다. 미국의 리처드 시드 박사는 2000년에 인간을 복제해 내겠다고 공언했으며 확인되지는 않았지만 이미 복제 인간이 어느 곳에선가 자라고 있다고도 한다. 복제양 돌리를 개발한 영국의 연구소는 양에 여자의 유전자를 주입하여 세계적으로 논란을 일으켰다.

생물체를 복제하는 원리는 돌리를 탄생시킨 것처럼 살아 있는 개체를 그대로 복제하는 체세포 복제가 사용된다. 난자에서 유전자가 들어 있는 핵을 빼낸 다음 복제하고 싶은 개체에서 떼어낸 세포의 핵을 집어넣는 것이다. 이미 이론상으로는 얼마든지 가능하다. 인간 복제가 실현된다면 헉슬리(A. Huxley)의 『멋진 신세계』에 나오는 것처럼, 같은 모습의 인간을 수없이 양산할 수 있다. 죽은 애인이나 부모의 모습을 그대로 닮은 사람을 재현해낼 수 있고 알베르트 아인슈타인이나 테레사 수녀 같은 위인을 복제할 수도 있다. 물론 동일한 유전 형질을 지녔기 때문에 외모 등 신체적 특성은 같더라도 세포를 제공한 인물과 복제 인간은 전혀 다른 인격체가 된다.

미국 매사추세츠 공대에서는 수컷 없이 암컷들로부터 뽑아낸 염색체만 가지고 정상적인 생쥐 새끼를 출산시키는 유전 공학 실험이 성공 단계에 접어들었다고 한다. 연구진은 이 기술을 사람에게 적용시키는 것은 이미 가능하다.

생명 과학 기술을 이용해 복제 인간은 물론이고 성생활 없이 태어난 아이, 세 명의 어머니와 두 명의 아버지, 디자인된 아이들, 심지어 동물의 유전자를 보강한 존재 등이 인간의 상상력 속에만 갇혀 있지는 않을 것이다.

게놈 디자인을 통해 우선 인체의 면역 시스템을 강화해서 자연 치료 효능을 회복시켜 줄 것이다. 다음 '바이오 메디컬 엔지니어링' 분야에서는, 수정란과 똑같은 유전자를 갖는 세포를 수정란에서 떼어내 따로 배양해 다시 이 배양된 세포에서 간이나 뇌 등 필요한 부분만을 골라 배양하면 수정란의 아이가 살면서 이들 장기에서 병이 났을 때 거부 반응 없이 이식할 수 있다. 복제 인간은 이런 와중에서 자연스레 시도될 것이다.

만일 위의 단계가 허용된다면 다음단계는 이미 성인이 된 사람들을 위한 것으로서, 인간의 특정한 유전적 형질을 가진 소나 돼지 양 등을 탄생시켜 심장이나 콩팥, 귀 등 필요한 각종 장기를 얻는다.

이탈리아의 한 산부인과 의사는 쥐의 정소(精巢)를 이용해 무정자증 불임 남성도 아이를 가질 수 있는 치료법을 개발했다.

생물학과 유전학의 진보는 예상하지 못하는 새로운 혁신적 발명을 하여 자연의 선택이 아닌 인위적 선택에 다른 생물 종의 단순화와 동물과 식물의 구분이 어렵게 될 수 있으며 인간 관계의 핵심인 가정의 유대감도 희미해진다.

일본 도쿄농대 발생 생물학 교수팀은 난치병 치료를 위한 인간의 장기를 인위적으로 얻을 수 있는지를 확인하기 위해서 성인의 체세포를 소의 난자에 이식해 '반인반우'(伴人伴牛)라고 볼 수 있는 이종융합배(異種融合胚)라는 새로운 세포를 만들어 냈는데 이 실험은 곧 '인간 복제' 연구까지 이어질 가능성이 높기 때문에 윤리적 차원의 논란이 일어나고 있다.

그리스 신화의 미노타로우스는 머리는 황소이고 몸은 인간인 괴물이다. 크레타 섬의 왕인 미노스가 파시파에와 결혼할 때 신에게 황소 한 마리를 제물로 바쳤는데 그 아름다움에 반한 파시파에가 살려줄 것을 간청해 허락을 입은 후 은밀한 관계를 가져 낳은 것으로 되어 있다. 미노타우로스를 자신의 아들로 믿었던 미노스는 차마 죽일 수 없어 미로(迷路)속에 가두어 놓지만 아테네에서 먹이로 바쳐진 테세우스에 의해 살해되고 만다.

현재 일반에게 공개되고 있지는 않지만 일본 후지노미야(富土宮) 시의 아마테라스교(天照敎) 본부에 있는 몸길이 170cm의 미라와 미국 하버드대학 박물관에 보관되어 있는 50cm실이의 미라에 대해 몇몇 과학자들은 진짜 인어의 미라라는 믿음을 갖고 연구를 거듭하고 있다. 생명체의 불가사의(不可思議)였던 반수반인(半獸半人)은 그리스 신화뿐 아니라 최근 미국에서 인간과 소의 세포를 융합시켜 자라게 하는 기술을 개발하는 데 성공하여 반인 반우(半人半牛)의 가능성이 있었다.

즉 우려되는 것은 서로 다른 종(種)의 생식 세포끼리 붙었을 때 서로영향을 끼칠 수밖에 없다는 것이다. 세포는 서로 이웃한 세포들에게 화학적 신호를 분비하고 각각 세포의 표면 막에 있는 수용체들을 통해 그 신호를 받음으로써 분화(分化)가 이루어진다.

즉 세포들간에는 언어가 존재한다는 것이다. 인간의 약점을 보완할 때 동물에 의존하기 시작하면 결국 동물과 인간의 벽이 허물어지고 드디어 자연과 인간의 경계까지 무너질 수 있다.

초인의 출현

21세기 과학의 최첨단 영역으로서 신경망을 갖춘 컴퓨터나 인공 생명을 만드는 데 필수적인 것이 바로 뇌의 비밀을 푸는 것이다.

과학자들은 앞으로 약 20년 후면 사람과 똑같지는 않지만 어느 정도 스스로 사고할 수 있는 컴퓨터나 인조 인간이 나올 것으로 전망한다. 신경망을 갖춘 컴퓨터나 인조 인간을 만드는 데 필수적인 것이 뇌의 비밀을 밝히는 일이다. 인간 뇌의 무게는 체중의 약 2퍼센트 정도인 1.3~1.4kg에 불과하다. 하지만 뇌는 140억 개의 세포로 이루어졌으며 혈액의 15퍼센트를 소비한다. 뇌는 신문지 한 장 정도의 표면적과 아주 작은 부피를 차지하고 있지만 무궁무진한 창조력과 상상력은 우주보다 넓고 광활하다고 할 수 있다.

뇌 속의 수많은 구성 요소와 기능이 파악되고 있으며 웃음을 유발하는 신경망, 성적 감정을 유발하는 부위 등이 밝혀지고 있다.

캘리포니아대학 신경학자들은 종교적인 경험을 느끼는 전뇌엽의 신경 세포를 발견하여 신비지점(God Spot)이라 명명하였다. 그들은 신앙이 깊은 사람들에게 그의 신앙을 자극하는 상징이나 단어를 보였을 때 그 지점이 활성화되는 것을 확인하였다.

이러한 추세로 보아 우리는 곧 인간의 감정을 인위적으로 통제하는 능력을 갖게 될 것이며 절대 의존 감정이라고 하는 신앙까지 인위적 조작이 가능해질는지 궁금해진다.

현재 진행중인 뇌 연구는 크게 세 가지이다. 각종 질환을 연구하는 '뇌 의학' 과 생각하고 기능하는 과정을 해명하는 '뇌 과학', 뇌 기능을 컴퓨터와 반도체 등 각종 전자공학 기술에 응용하는 '뇌 공학' 으로 나뉜다. 머지 않아 시각과 청각을 식별할 수 있는 반도체 칩이 나올 것이며 결국에는 인간의 외와 유사한 기능을 가진 기계가 나올 것이다.

지금 인터넷에는 디지털 생명체가 살아 있다. 티에라(Tierra, 스페인어로 '땅' 이라는 뜻)라는 디지털 생태계에 사는 이 생명체는 자기 복제에 의한 번식, 돌연변이에 의한 변종, 기생충과 면역, 성장과 사멸 등 다양한 생명 현상을 보여준다. 티에라의 창조자인 진화 생물학자 톰 레이로는 진화의 증거를 찾아 코스타리카 밀림을 뒤지다가 지쳐 진화 과정을 시뮬레이션으로 압축한 프로그램을 창안, 인터넷 정글에 풀어 놓았다. 0과 1의 디지털 신호로 이루어진 이 생명체는 더 많은 개체를 만들어내려는 생존 투쟁을 벌여 23바이트로 몸집으로 줄였다. 단순 복제 기능밖에 없던 프로그램이 스스로 진화한 것이다.

이제 인터넷 밖에서도 사람이 만들었지만 자발성과 환경 적응력을 갖춘 존재인 인공 생명(Artificial Life)이 나오게 된다. 인공 생명은 주어진 환경 안에서 일일이 명령하고 입력해야만 행동하는 인공 지능 단계를 훨씬 뛰어 넘어 자생력을 갖는다.

화성을 탐사했던 소저너는 임무 수행 중 바위에 다리가 걸려 고장을 일으켰지만 인공 생명 소저너였다면 스스로 문제를 해결하고 새끼 로봇을 만들어 일 할 수도 있었을 것이다. 인공 생명(Artiicial Life)은 인공 지능과는 다르다. 인공 지능은 주어진 환경밖에는 처리 능력이 없으나 인공 생명은 사람이 만들었지만 일일이 명령하고 입력해야 행동하는 단계를 뛰어넘어 자발성과 환경적응력을 갖춘 존재이다.

인공 생명은 복제양 돌리처럼 탄소유기체의 유전자 조작에 의한 생명체는 아니지만 진짜 생물처럼 살아간다. 인공 생명을 컴퓨터 밖으로 끄집어내 실제 현실에서 살게 하는 연구가 진행되고 있다. 일본의 국제 전기통신 과학연구소(ATR)는 2001년에 인공 생명기법에 의한 고양이를 선보일 예정이다. 나아가 반도체 칩과 살아 있는 신경세포의 결합체인 뉴로 칩(Neuro-chip)의 탄생은 사이버 인간의 탄생을 예고하고 있다.

천체 물리학자 스티븐 호킹은 탄소 유기체가 아닌 실리콘 생명체의 탄생을 예언했다. 프린스턴대학 분자 생물학과 리실버 교수는 유전 공학의 무한한 가능성에 입각해 인류의 장래를 다음과 같이 묘사하고 있다.

"2050년 3월 15일, 최고의 유전자 지도를 가진 손녀의 출산을 축하하기 위해 대학병원의 산부인과를 찾은 당신은 태어날 아이의 5세 모습, 16세 된 모습을 컴퓨터 합성 사진으로 미리 보게 된다."

이쯤 되면 유전적 카스트 사회가 형성된다. 부유한 부모들은 아이에게 건강한 신체, 천부적 재능, 안정된 정서 그리고 탁월한 창의성을 가지도록 '최상의 유전자 조합'을 해줄 것이며 비만, 심장질환, 고혈압, 정신질환, 암에 걸릴 경향 등은 저소득층 가정의 자녀에게 유전되는 질병이 될 것이다.

유전학 시대가 오래 전에 사라진 인도의 카스트 제도를 새롭게 부활시키려고 하고 있다. 지도계층인 브라만, 군사담당인 크샤트리아, 평민 바이샤 그리고 노예들인 수드라의 형식이 먼저 나타나 출생부터 별 노력 없이도 인생의 승자가 될 수 있는 가능성을 지닌 사람들로부터 그보다 더 적은 가능성을 지닌 사람들 등의 역할 구분이 지속되다가 그후에는 지구상의 인종이 두 부류로 구분된다.

이제 더 이상 피부색이나 언어, 경제력으로 구분되던 카스트는 소멸된다. 유일한 차별의 기준은 인간끼리의 사랑을 통해서 태어난 자연인과 정밀한 작업을 통해 탁월한 유전자를 가진 자로 구분될 뿐이다.

‘탁월한 유전자를 가진 자’ 란 21세기 이후 실험실에서 합성된 ‘인공 유전자’ 를 주입 받은 종(種)이다. 세계의 지배계층인 이들과 유전학 시대의 피지배계층인 ‘자연인’ 은 서로 사랑을 느끼지 않아 자녀를 출산하는 것조차 불가능할 정도로 분화가 이루어진다.

결국에는 생물학과 전자 공학의 결합이 인간에게도 적용되어 인간과 컴퓨터를 새로운 방식으로 결합시키려 한다. 인류의 다양한 경험을 신경학적으로 특정 부위에 연결하게 되면 지금 인간보다 월등한 정신적 능력과 통찰력을 지닌 새로운 인간 세대가 도래할 것이다.

이처럼 의도적인 유전 형질을 통한 ‘개량’ 그 다음의 단계는 지능과 의식을 가진 기계일 수 있으며 공상과학 영화에 나오는 인간과 인공 생명의 전쟁이 실제 상황이 될 수도 있다.

인류의 헤게모니가 새로 진화된 종에게 넘어가는 순간이다.

3. 새 창세기 패러독스

거미 사회

정보 통신과 생물 공학의 혁명과 함께 맞이한 새 밀레니엄 시대는 인류에게 어떤 사회 문화적 함의를 갖는가? 지구촌을 휩쓰는 지배적인 춤사위는 어떤 형태일까? 우선 거시적 안목에서는 낙관론과 비관론이 극명하게 대립되고 있다.

낙관론자들은 대부분 정보 통신 기술의 혁명적인 발전은 모두 역사적 우연이며 기술은 에디슨과 같은 개인의 노력에 의해 발명되고 누가 의도하거나 특정 목적을 갖고 만들어내는 것이 아니며 따라서 인위적으로 통제할 수 없는 자연발생적인 것으로 파악한다. 말하자면 기술의 자율성(autonomy)을 가정하고 있다.

따라서 정보화 사회는 현대 산업 사회가 안고 있는 구조적 모순과 불합리가 말끔히 사라지는 사회이고 정보 통신 기술은 전혀 새로운 시대로 인류를 이끌 것이라고 주장하고 있다. 이들에 의하면 미래 사회에서는 창의성과 다양성이 증가하고 이에 따라 정치적 다원성과 권력 분산, 분권화가 이루어져 진정한 민주주의가 구현되며 각종 정보 통신 기술을 활용하여 산업 생산력의 비약적 증대가 이루어질 뿐만 아니라 정보와 지식이라는 새로운 가치의 원천이 등장함으로써 경제적 발전과 풍요가 실현되고 개인과 사회의 다양성과 정체성이 보장되는 일종의 유토피아가 구현될 것이라고 주장한다.

비판론자들은 기술 혁명은 결코 우연이 아니며 그것은 의도적, 체계적으로 계획되고 추구하기 때문에 일어나고 있다고 본다. 그것은 애초부터 사회 전체의 구조를 함축하는 구조의 산물이고, 태어날 때부터 일정한 가치를 배태하고 있으며 이런 시각에서 정보화 사회의 분석에서는 특히 정치 경제적인 맥락에서 기술과 사회 관계의 기본적 구조를 파악해야 한다는 것이다.

대표적 비판론자인 쉴러(H. Schiller)는 정보 통신 테크놀로지는 그 자체가 상품이며 새로운 시장 창출과 생산 수단으로서 거대한 자본주의 기업의 위기 탈출의 방안으로서 주로 미국의 초국적 기업에 의하여 의도적으로 개발, 추진되고 있다고 주장한다. 따라서 커뮤니케이션 혁명과 정보 통신 기술의 발전은 인류에게 유토피아적인 미래를 안겨주기보다는 오히려 현재보다 더 암울한 디스토피아(distopia)적인 모습으로 다가올 것이라는 것이다.

그렇다면 이러한 정보와 생명의 기술의 혁명이 갖고 오는 미시적이고 구체적인 변화는 무엇인가?

먼저 개미 사회의 종말과 거미 사회의 도래이다. 세린스가 저술한 『석기시대의 경제학』에서는 수렵 채집 사회에서는 개미와 같은 인간 모델이 결코 미덕이 아니었다. 신이 주신 생태계에는 일정한 먹이의 틀―사슴이나 멧돼지 등의 한정된 수(數)―이 있어서 만약 부지런한 사람이 나타나 혼자 먹이들을 독점하면 자원이 쉽게 고갈된다는 것이다. 그렇기 때문에 수렵 채취 시대에는 게으른 사람이 그 집단에 공헌하는 사람이었다는 것이다. 그 시기의 사람들은 평균 12시간 이상 잠을 잤다고 하고 오늘날에도 수렵 채취민들은 대체로 잠자는 시간이 길다.

인류 역사에서 수렵 채집 시대를 제외하고는 동물 우화적인 표현으로 '개미의 시대' 라고 한다. '개미' 라는 표상은 이제까지의 전(全) 역사, 곧 현대 산업주의까지의 모든 역사를 일관하여 지향해 왔던 가치관의 정점이다. 개미는 부지런함, 근면성, 협동성, 조직성 등을 대변하면서 산업 사회의 인간 모두가 지향해야 할 표상이었다. 특히 개미의 조직은 관료 사회와 잘 비교된다. 개미, 일개미, 군병 개미 등으로 질서가 있고 바쁘게 일을 한다.

이러한 개미의 조직을 연구하기 위해 하나 하나에 번호를 붙여 놓고 비디오 추적을 해본 결과, 실제 일하는 개미는 15퍼센트에 불과했다. 실제로 일하는 개미만 따로 모아 놓았더니 그 중에서 또 15퍼센트만 일하고 나머지는 놀았다고 한다. 근대 관료 조직에서 개개인 모두가 움직이기보다 리더에 의해 이끌리는 폐쇄적인 조직이다. 인류 역사상 수렵 채취 시대를 제외하고는 어느 시대나 모두 조직을 신봉하는 개미의 정신이 지배적이었다.

상상력과 창의력으로 특징지어지는 바이오텍의 시대는 '요령껏' 이라는 구호가 지금까지의 '열심히' 라는 구호를 대체한다.

머지 않아 인류의 대다수가 인터넷 'ID' 를 갖게 된다. 수십억 인구가 하나의 '사이버 스페이스' 의 가족이 되는 것이다. 산업 사회에서는 재화(財貨)가 없으면 소외되었으나 이제는 'ID' 가 없으면 소외된다. 인터넷과 유사한 곤충이 바로 '거미' 이다. 개미는 땅에 구멍을 파고 살지만 거미는 허공에다 집을 짓고 사는 유일한 생물이다. 거미는 허공에 먹이가 잡히기만 기다렸다가 먹이를 빨리 채 간다.

월드와이드웹(W.W.W.)의 웹(web)이 거미줄을 의미한다. 인터넷이라는 거대한 거미줄을 지구촌 구석구석에 쳐 놓으면 누군가가 다가온다.

지금까지 정보는 발신자 중심이었으나 정보 통신환경 특히 월드와이드 웹의 환경은 수신자 중심이다. 정보의 선택권이 철저히 수신자측에 있게 된다.

이어령은 이렇게 달라진 문화 패러다임의 한 예를 노래방에서 찾는다. "예전에는 음악의 3대 요소, 즉 작곡자(composor)·연주자(performer)·청자(audience) 중에서 작곡자가 전부였다. 베토벤, 모짜르트, 바흐의 시대가 있었다. 그런데 어느덧 작곡자보다는 '연주자'가 더 유명한 시대가 되었다. 토스카니니, 정경화, 사라 장 하면 다 안다. 그러던 것이 이제는 '청자'가 직접 나서 스스로 '퍼포먼스'를 한다. 가수가 부르는 노래를 듣는 것으로 만족하지 못하고 남이 불렀던 그 노래를 마치 가수인 것처럼 부르기 위해 노래방에 간다. 생산자나 매개자가 중심이 아니라 소비자 중심의 시대가 된 것이다."

이것을 정치적으로 보면 관료주의 국가가 점차 시민 사회로 바뀌어 가는 현상이다. 관료 조직이나 당 조직이나 비밀 경찰 조직을 이용해 국민을 장악하는 나라는 없어진다. 이른바 사회주의의 종말은 그들 국가가 21세기라는 거대한 문명의 조류에 적응하지 못해서 이루어진 결과이다. 개미의 시대에는 소비자가 생산자를 위해 존재하면서, 생산자는 불만족스럽지 못한 것도 할 수 없이 구매하도록 시장을 통해 구매욕을 조작(manipulation)했었으나, 거미의 시대에는 생산자와 소비자가 하나로 되는 '프로슈머'(prosumer) 시대가 된다. 따라서 대량 생산 표준화의 원리가 붕괴되고 다품종 소량 생산의 소비자 욕구 중심으로 바뀐다.

유랑하는 사람들

백만 년 전부터 수렵 채취(hunting gathering peoples)—남자는 수렵

에 종사하고 여자는 식물 채집에 종사—를 하면서 유목으로 시작한 인류는 농업을 시작하면서 정착했고 산업혁명을 통해서 공장과 사무실 근처로 모여들었다. 그러나 고도 정보화 사회로 들어선 인류는 '떠도는 직업' 의 시대를 맞아 다시 유목민(Nomad)적인 삶을 시작한다.

당연히 유목민적 사고로 전환된다. 미래 사회는 인류 공동체가 보편화되는 사회가 된다. 인간 최초의 장거리 교통 수단이었던 낙타는 시속 8마일을 갈 수 있었다. 이제 서울과 뉴욕이 1시간 이내에 도달할 수 있는 미래형 교통 수단이 나온다. 세계는 문자 그대로 일일 생활권이 된다.장거리통신의 발달로 이미 생활 양식의 유사성이 증대된 인류는 교통의 눈부신 발달로 거대한 인간 교류가 나타난다. 미래형 현상을 드러낸 도시 생활은 이미 잦은 이사로 말미암아 이동률이 급격하게 증가되고 있으며 이러한 미래형 인간들에게는 사는 곳이 곧 집이다.

유목 문화에서는 '중심' 과 '주변' 의 역할이 일정치 않았고, 역으로 모든 게 '중심' 이면서 '주변' 이었으며, 그럼에도 불구하고 이들은 공동체였다. 그래서 이 시대는 이성보다는 감성으로, 규범보다는 환상으로, 획일·고정·혁명·권력·소유·범주적 사고보다는 여성적 가치인 나눔·보살핌·유연성으로 대체될 것이다.

이는 현재 세계 문명의 흐름이 갈등이나 우열의 관계에서 다양성의 공존과 동등 가치 관계로 이행하는 모티브를 충분히 감지하게 한다. 이제 새로운 유목민들은 영구적인 정착보다 유목민적 생활방식을 보존하고 일정한 고향이나 주거지가 없으며 전통이 덜 중시되며 민족보다는 개인이 우선된다.

이제 유목민들은 근대의 '통시성' (diachronism)이 아닌 원시적 '동시성' (synchronism)의 견해를 갖는다. 통시성은 페니키아로부터 연원(淵源)해서 헬라인에 의하여 체계화되어 단일형태, 계속성을 그 특징으로 지닌다. 따라서 서구를 발전시킨 과학과 기술은 서구인의 시각적이며 논리적 사고와 양적 이성에 기인한다.

맥루언(M. McLuhan)은 서양인에게 지배적인 사고는 좌뇌 기능이라고 분석했다. 좌뇌는 시각, 언어, 논리, 수학, 직선, 연속, 조정, 지성, 지배, 현실, 양, 능동, 분석, 순차성 등과 관련된 기능을 담당한다. 반면에 우뇌는 촉각, 청각, 총체성, 예술, 상징, 동시성, 정서, 직관, 침묵, 영성, 질, 수동, 종합, 추상성을 파악한다. 서구 2500년 간 문명화의 본질은 유클리드(Euclid, 기원전 그리스의 수학자)적 컨트롤의 가속화였으며, 중앙집중주의(centralism)의 성장이라 이해할 수 있다. 현대의 컴퓨터 기술은 바로 이와 같은 좌뇌 지배적인 가치 체계에 우선을 두어온 서구 문명의 열매이다.

그러나 멀티미디어 시대는 컴퓨터로 가능하지만, 컴퓨터의 좌뇌적 가치체계만 가지고는 완성될 수 없다. 그것은 멀티미디어는 문자와 언어의 세계를 포함하여 인간의 모든 감각 활동과 관계하기 때문이다. 컴퓨터 테크놀로지가 인간의 좌뇌 기능을 극대화한 것이라면 멀티미디어의 커뮤니케이션 기술은 인간의 우뇌 기능과 신경 조직을 확대한 것으로 볼 수 있다. 미래의 커뮤니케이션 미디어는 모든 것을 집합적으로 파악하는 비디오와 연결되고 쌍 방향성 방식이 되어 사용자가 생산자가 되면서 동시에 소비자가 된다.

알파벳과 글쓰기는 문헌이라는 중앙 집권적인 관료 사회의 좌뇌적 전략물로 발전했다. 그러나 프린트에 근거한 에토스는 이제 '텔레커뮤니케이션의 다중 전달 체계'(multi-carrier telecommunication)에 의하여 더 이상의 의미를 갖기가 힘들게 되었다. 이제 21세기 멀티미디어 사회의 인류는 '수족관'(aquarium)과 같은 세계를 경험하며 살 것이다. 수족관 안에서는 직선적 시간과 공간은 존재하지 않는다. 앞뒤나 전후의 개념이 있을 수 없다. 모든 것이 동시적이며 총체적이다. 이처럼 기계 세계로부터 전자 세계를 향한 전환은 유클리드 공간으로부터 아인슈타인의 상대성이론의 공간에로 전환하는 것과 같다. 이때 환경에 대한 인식은 더 이상 '컨셉트' (concept)가 아니라 '퍼셉트' (percept)식이다. 인간의 시각, 청각, 촉각, 후각 등 모든 감각을 통한 총체적 파악을 추구하기 때문이다.

역설적이게도 문명의 최첨단인 3T(Traffic, Tour, Telecommunications)가 현대인의 심성을 유목민으로 바꿔 놓고 있는 것이다

신인류인 유목민의 특징은 PANTS 신드롬(Personal, Amusement, Natural, Trans-border, Self-loving)으로 요약된다. 신인류는 개인주의적 (personal)이다. 우선 형제가 없는 경우가 많고 부모와는 세대 차이 때문에 대화하기를 꺼려 모든 문제를 스스로 해결해 간다. 나아가 자신들의 삶의 질을 최대한 존중하고 최고의 가치로 인정한다. 부부 사이에서도 서로의 삶이 침해받는 것을 싫어한다. 그래서 자녀 중심의 가정에서 어른 중심의 가정으로 대거 이동하며 의도적으로 자녀를 갖지 않는 부부가 많아진다.

그 다음 재미(amusement)를 최고의 가치로 여기며 산다. 18세기에는 예지인(叡智人·Homo Sapiens)에 사람들이 공감했고, 산업 사회이후에는 공작인(工作人·Homo Faber)이 설득력을 얻었으며 이제는 놀이하는 인간(遊戲人·Homo Ludens)으로 산다.

현대의 인간을 새롭게 규정한 호모루덴스는 일하면서 놀이하고 놀이하면서 일하고자 한다. 이들은 지나치게 노동의 태도만을 중시해온 직장에서도 혁신을 일으키고 있다. 평등하고 능동적인 네트워크 환경에 익숙해서 수직적인 명령 체계를 참을 수 없다. 승진과 월급을 목표로 삼는 기성 세대들은 비웃음의 대상이다. 이들은 보람을 느끼기 위해 일하지 않

고 그저 좋아하는 일을 할 뿐이다.

신인류는 솔직담백한 자연스러움(natural)을 좋아한다. 자신의 삶을 구속하는 어떤 제도도 거부하며 타인의 시선을 의식하지 않고 자신의 감정을 중요하게 생각하며 어느 곳에서나 자연스럽게 행동한다. 외모에 대한 평가도 달라져 전형적 서구형 외모보다 자연스런 '개성'과 연결된 매력이 미인의 조건이다.

그리고 그들은 남녀 구분(trans-border)이 모호하다. 패션은 물론이고 모든 직업과 스포츠까지 성별 구분이 모호해진다. 여성과 남성이라는 이성 개념보다 공통점을 더 많이 가진 사고가 이들을 지배한다.

또한 신인류들의 또 다른 증후군은 자기 사랑(self—loving)이다. 21세기 개체주의적 삶을 살기 때문에 단세포적 삶을 산다. 재택 근무나 재택 수업이 보편화되면서 21세기의 인간은 사실상 단자(monad)인 셈이다. 이들은 세계에 산재된 창없는 단자이지만 텔레커뮤니케이션을 통해 서로 연결된 유기체처럼 생활할 뿐이다. 공동체와 접할 많은 기회를 컴퓨터에게 주었고 엄밀한 의미에서 모두를 경쟁으로 보아야 하기 때문에 자기 사랑을 극대화하여 더욱 냉정한 이익 사회로 나아가고 있다.

다중 인격

창세기에 창조된 인간들은 자기 정체성을 분명히 하고 단일한 인격을 가진 사람이 존경받았으나 정보화가 창조한 신인류는 천편일률적 라이프 스타일을 싫어한다. 온라인 게임이나 채팅 사이트에서는 마음만 먹으면 얼마든지 다른 사람으로 변신할 수 있다. 여러 개의 대화명을 가지고 살아가는 게 낯설지 않다. 때론 다른 성으로, 다른 나이로, 다른 이름으로, 전혀 다른 성격으로 자기를 설정하고는 세계 시민과 조우한다.

이들은 만나서 얼굴을 마주보며 얘기하는 것보다 채팅이 더 즐거우며 컴퓨터의 켜기(on)와 *끄기*(off)처럼 쉽게 빠져들었다가 곧바로 싫증을 내며 여러 가지 창(window)을 열어 놓고 동시에 일을 하는 멀티 태스킹에 익숙해 있다.

따라서 이들은 다중 인격적 특성을 보인다. 문화 비평가 러시코프는 저서 『카오스와 아이들』에서 스크린 세대라 불리는 지금의 십대들의 노래와 즐기는 텔레비전 프로와 장난감과 유행과 분화 코드들을 분석하여 미래를 우리에게 보여준다.

전자 오락 게임과 인터넷으로 가득찬 세상에서 커 가는 것이 십대들의 행동과 사고를 어떻게 바꾸고 있는지를 들여다봄으로서 저자는 상상도 못할 정도로 복잡해질 미래에 어떻게 살아갈지를 모색하는 것이다. 러시코프의 성찰은 서핑 · 스케이트 보딩에서 스노보딩에 이르는 스포츠의 진화 과정에서 시작한다. 현대 수학에서는 카오스 이론이 날개를 펴고 있다. 같은 시간 눈 덮인 산에서는 활강로를 통제하는 스키대신에 엎어지고 구르며 일부러 틈새와 요철을 찾아 즐기는 스노보딩이 일대 유행이다. 영락없는 카오스다. 행동심리학자들이 규정하듯이 신인류는 집중 시간은 짧지만 보다 넓은 집중 능력을 가지고 리모콘을 가지고 채널을 바꿔 가며 한꺼번에 열 개 이상의 프로그램을 돌아가며 볼 수 있다.

그래서 21세기에 중요한 것은 집중시간의 장단(長短)이 아니라 멀티 태스킹 능력—여러 가지를 한꺼번에 하는 능력—이다. 디지털 시대에는 얼마든지 백인백색(百人百色)의 삶이 가능하기 때문이다.

새롭게 주목받는 만화 역시 신세대의 사고를 이해하는데 필수 코스이다. 만화를 보는 아이들은 맥루언의 제자들보다 더 빨리 미디어를 이해하고 먼저 감을 잡을 수 있다. 만화의 회화적 복잡성 수준은 매우 다양하다. 아무런 배경 없이 간단한 막대기로만 인물을 그리는 것부터 파노라마적 장면 속에서 사실주의적이고 세밀한 인물화를 그려 넣는 데까지 매우 다양하다. 아무리 정교한 그림을 그린다 할지라도 만화는 회화적 묘사보다는 도상적 표상(iconic representation)에 의존한다.

즉 만화는 기본적인 상징과 관계들로 구성되고 그 나머지는 독자가 채울 몫이다. 기성 세대의 선입관과는 달리 플롯이나 인물에 가장 큰 영향을 미치는 부분은 분명하게 나타나야 하기 때문에 오히려 가장 단순하게 그려진다. 만화는 이미지의 강렬함으로 부각되고 도상적 속성으로 쉽게 이해된다.

러시코프에 의하면 이는 아이들에게 불연속성에 대한 감각을 심어주며 동시에 그 밑에 숨은 연속성을 채득하게끔 한다고 한다. 이 모두가 선형적 직선적 사고의 용도 폐기를 예견하는 것이다.

이제 이원성은 몰락하고 전체성이 비선형적 시대의 시각(視覺)으로 위치한다. 그동안의 이원성을 유지하는 방편은 정보였다. 즉 비밀스럽고 신비한 정보야말로 과학자 집단과 종교 집단의 분리, 정신과 육체의 분리의 핵심에 있는 것이면서 궁극적으로는 세계를 단선적으로 파악하는 도구였다.

이처럼 전형적인 선형적 스토리들은 이중적 내지 이원성을 특징으로 하기 때문에 신인류들의 다중 인격을 이해하기 위해서는 기성 세대가 연속성을 추구해 오던 방식을 재고해야 한다. 정보화 사회의 불연속적인 섬들은 마치 군도(群島)처럼 실제로는 물밑에 서로서로 연결되어 있다. 그것을 파악하고 적응하는 유일한 방법은 스스로 그 밑으로 내려가 보는 것이다.

다중 인격을 지닌 신인류들은 키치(kitsch) 미학의 천재들이다. 키치란 저속하고 나쁜 취향의 시시한 사물과 이미지를 총칭한다. 그동안 '쓰레기와 같이 하찮은 것'이라고 해서 제외된 바 있으나 신세대 문화에서는 고급과 저급은 하나의 구분에 지나지 않는다.

지금 과학과 예술, 학문과 학문, 정부와 민간 등 모든 분야에서 융합작업이 벌어지고 있다. 테크노 아트나 쌍방향 예술 등에서 탈장르 현상이 두드러지면서 클래식과 팝이 만나고, 과학과 음악이 그 벽을 허물고 한 무대에 오르고 있다.

신인류의 문화에서는 고급과 저급은 하나의 개념적인 구분에 지나지 않는다. 먹고 마시고 입는 일상 영역에서 정치나 종교 영역에 이르기까지 모든 세상사가 키치화해 버린다. 이렇듯 키치가 범람하는 곳에서 유행이 소용돌이치며 이로부터 모든 가치나 진지함에 대해 회의적이고 냉소적인 태도가 분출하게 된다. 이들은 자신의 주관적 내부성의 외부적 규정으로서 상호 담론에 의해 자신에게 부과된 담론 구성체에 대해 반동일시(反同一視: counter-identification)한다.

즉 이들의 담론은 지나치게 소비 문화에 그 토대를 두고 있다. 따라서 생산적이기보다는 일회적이고 파괴적인 패러다임에 연결되기 쉽다. 예를 들어 청소년 가출이나 범죄의 동기가 생계비 마련에서 유흥비 마련으로 대체되고 있다. 이것은 곧 일탈 행위가 내적 갈등이 수반되지 않은 즉흥성을 띠고 있음을 보여준다. 모던적 또는 근대적 사고에 대한 응전으로 볼 수 있는 포스트모더니즘의 신사고(新思考)가 곧 키치 미학과 연결된다.

종래 문화의 정전(正典)으로 간주되던 각종 고급예술이 더 이상 활기를 갖지 못한 상황에서 포스트모더니즘은 문화적 재활성화의 움직임으로 평가되고 있다. 그것은 과거 유럽문화의 정전을 의문시하는 동시에 예술과 미학을 일상적인 삶의 안쪽으로 내파(內破)시키는 역할을 하고 있다.

키치 문화는 그동안 본능과 일상에 나타난 가벼움이었다. 감성과 이성의 경계를 만들었던 정신주의가 퇴조하면서 중심과 주변, 무거움과 가벼움, 귀함과 천함, 억압과 자유의 경계가 무너지는 것이다. 그동안 중심을 차지하고 있던 무거움이 도적과 권위를 가장한 위선임이 간혹 폭로되면서 이 현상은 더욱 일반화된다.

따라서 우리 사회의 고질병인 지연, 학연, 혈연은 물론 보수와 진보, 세대와 세대, 전문가와 비전문가의 갈등을 버리지 않을 수 없다.

4. 갈증—그윽한 풍경소리

인류는 1만 년 전 변화의 제1물결인 농업혁명으로 정착하면서 가족 제도, 전통과 규범 그리고 윤리성이 가미된 고등 종교를 만들어내었다. 지난 300년 전 제2의 물결이라 부르는 산업혁명으로 대량 생산을 할 수 있게 되면서 그 생산물을 소비할 수 있도록 쉼 없이 새로운 유행을 창조하였고, 또한 시대 정신이라면서 변화하는 표준을 제시하여 사람들로 하여금 추종하게 하였다.

이 시기에는 아직도 우주는 신비한 것들로 가득 차서 마치 아이들이 더 많은 정보와 자원을 지닌 어른의 요구에 순응하듯 계몽이라는 이름으로 다가오는 기존의 권위, 종교, 도덕적 가치를 따랐다. 이와 같은 선형적·수직적 사고가 이제 용도 폐기되는 시점에 와 있다.

그것은 정보 혁명이라고 하는 제3의 물결 시대를 지나면서 생명 창조라고 하는 제4의 물결이 예고되어 있어 우리 삶의 정황은 매일 쇼크라고 불릴 만큼 짧은 시간에 많은 변화가 몰아치고 있다.

인류의 문명은 그 구성원들을 이제 막 사춘기로 접어들게 하고 있다. 자연과 인간이라는 그리고 이 둘을 넘어서는 창조주라는 삼분법적 도식 속에서 처음에는 자연의 권위나 도는 자연의 배경에 있는 창조주의 권위를 이용한 질서에 순응했고 자연을 파악한 다음에는 인간 존재의 신비를 점령하고 있던 신의 이름으로 인류의 각 문명이 전개되어 왔었다.

생명 창조의 신비가 사라진 지금, 인류는 사춘기의 투정처럼 억눌렸던 모든 것에 반항하고 있고, 잘 포장된 권위 속의 왜곡과 속임수들을 발견하면서 질풍노도의 모습을 띠고 있다. 이 사춘기의 사람들과 함께 사는 절대적 조건이 곧 다양성에 대한 인내가 되고 있다.

지금까지의 서구적 사고의 중심을 이루어 왔던 존재론, 본체론의 한계가 싱겁게 드러나고 전통의 철학과 신학들의 굳건함이 모래성이 되면서 원시인들이 제의를 행하면서 뛰놀았던 그 군무(群舞)의 모습으로 지구촌이 빠져들고 있다.

정보화와 더불어 전개되는 생물학적 은유의 시대에도 종교는 사람들의 관심을 끌을 것인가? 생명의 신비가 밝혀지고 유사이래 최대한 욕망의 충족을 누릴 수 있는 뉴 밀레니임 시대에도 신에 대해 기대감을 가질 것인가?

산업화를 통해서 인간의 손이 확장되었고 고성능의 컴퓨터를 통해 인간의 지능이 확장되었으며 교통과 전 지구적 전산망을 통하여 인간의 발이 확장되었다. 끊임없이 인간의 몸을 수평확장시켜 삶의 효율성을 추구하는데 전심 전력하면서 종교적 관심은 후퇴한 것처럼 보인다. 이에 대해 러시코프(D. Rushkoff)는 다음과 같은 질문을 한다.

"인류는 호화로운 삶을 얻기 위하여 믿을 수 있는 능력이 상실되는 것을 감수했다. 일종의 거래였다. 그 대신 우리는 믿음에 닿는 모든 것을 연소해 버리고 마는 아이러니를 얻었다. 이 아이러니가 바로 신을 잃은 대가로 얻은 것이다. 하지만 우리는 살아 있고 종교적인 충동이 있어야 마땅하다. 그렇다면 종교 없는 이 세계에서 이 충동은 어떤 틈을 타고 흐른단 말인가?"

인간의 삶이 고도로 발달된 과학과 기술 그리고 산업에 의해서 편리하게 될 것은 분명하지만 가상 공간을 현실로 받아들이면서 더욱 인간은 삶의 방향을 잃어버릴 것이며 생명 조작에 따른 심각한 정체성의 혼란을 경험할 것이다

정보화 사회에서 인간의 정신은 매우 능동적인 것 같으나 실상은 거대한 네트워크의 율동(rythm)이나 요구에 지배받는 피동적(被動的) 성격을 띠게 된다. 그는 지·정·의 라는 전체적 인간으로서의 의식과 자기 정체적(self-identity) 인 인간으로서의 의식을 많이 잃어버리게 된다.

기술의 인간 지배가 더욱 진행되면서 자녀에게마저 상업적 고려에 의해 유전자 조작 등을 할 수 있는 문화 발전의 최후에 서 있는 인간들은 정신없는 전문가(specialist without sprit)라는 표현이 어울린다. 이처럼 인간은 정신없이 정보 체계의 피동적 존재가 되어 능동적으로 세상 사람들과 관계를 맺으려 하지 않고 우상(偶像)과 그의 요구에 따르려고 한다.

여기에 급속한 변화에 따른 피로(fatigue) 증상과 안정되었던 과거를 향한 향수(鄕愁.nostalgia)가 함께 덧붙여져서 인간은 더 심한 고독과 정신적 갈증을 느끼게 될 것이며 동시에 종교 충동의 욕구를 충족시키기 위한 기능적 대행물을 찾게 될 것이다.

산업 사회에서는 기계의 동작에 따라 움직이는 사회로 노동의 상호 의존성이 심화되어 정확성과 규정의 수행이 요구되었다. 이제 산업 사회로부터 해방되어 탈동시화의 물결이 일고 있다. 이에 대해 보우디야르(Boudillard) 등 일부 포스트모더니즘 이론가들은 새로운 정보 통신 기술의 다양성이 개개인의 미디어 경험을 역시 다양하게 만들고, 그로 인해 공유 문화가 약화 또는 해체되는 상황을 예견하고 있다.

각 집단과 개인은 자신의 취향에 따라 각기 다른 미디어 정보에 접하게 됨으로서 문화적 파편화(cultural fragmentation)가 가속화된다. 송·수신자간의 시간적 차이를 극복한 새로운 미디어 방식으로 앞으로는 텔

레비전 방송도 시청자가 편리한 시간에 맞추어 언제나 시청할 수 있다. 따라서 지금과 같은 '프라임 타임(prime time)' 의 개념이 사라지고 '언제나 프라임 타임(prime time all the time)' 의 시대가 되었다.

나아가 다양한 집단과 개인들이 새로운 기술을 통해 자신들의 생각이나 아이디어를 보다 적극적으로 표현할 수 있기 때문에 여러 가지 탈동시화 된 새로운 문화 표현 양식을 만들어 낸다.

그러므로 새 밀레니엄 시대에는 '대중(大衆)' 의 의미가 예전과는 달라진다. 이전까지의 대중 문화란 질적으로 저급한 것이거나 문화의 차원에서 논의하기 꺼려한 것이었다. 그러나 새 밀레니엄 시대의 대중 문화는 멀티미디어로 말미암아 각양의 문화적 계층간의 경계선이 무너지고 무제한적인 상호 교류(interaction)가 가능해져 전혀 다른 차원의 대중 문화가 나온다.

소수 엘리트의 사상과 권력 및 자본에 의존해 오던 중앙집권적 사회가 서서히 해체되면서 일반 대중의 잠재력이 폭발적으로 사회 전 영역에 영향을 미친다. 전자 대화, 전자 게시판, 전자 우편, 전자 동호회 등의 전자 통신을 통하여 대중은 자신들의 고유한 정보를 나눔으로서 사회를 움직이는 여론에 주체적으로 참여하여 대중의 자율성이 극대화된다.

변화가 가속화되면서 사람들은 더욱 새로운 것을 찾게 되지만 미래의 수요에 대한 불확실성이 증대되기 때문에 일회용의 등장과 일회성 문화가 보편화된다. 이러한 생활 양식의 변화는 인간의 사고를 영구한 가치의 추구에서 단기적인 흥미, 또는 일회용 관심으로 전환시킨다.

여기서 대중의 개별성과 임시성이 동시에 극대화된다. 사람들간의 만남은 지극히 임시적으로 되어 간다. 타인과의 총체적 연관 관계를 갖는 것을 의도적으로 거부하고 오직 기능적 필연적 관계에서 부분적으로 만날 뿐이다. 인류는 점점 '고독의 시대' 를 향해 나아가면서 그 고독을 대체해 줄 그 무엇에 대한 갈증이 더 증대한다.

현대인은 조용한 산사(山寺)의 풍경 소리나 정적이 감돌아 바람에 나뭇잎들이 부딪히는 소리까지 들리는 수도원 등을 찾아 '자기 찾기', 즉 "나는 도대체 누구인가? 나의 출발점은 어디고 종착점은 어디인가?"라는 물음에 대해 성찰하고자 한다.

그래서 그들의 필요에 의해 종교를 찾게 될 것이고 종교에 귀의하는 사람도 늘어날 것이다. 동시에 과학과 기술이 제공하지 못할 뿐 아니라 제거하려고 하는 종교적 영성에 관심을 가지고 추구하는 심리적 역기능이 증가하게 된다. 영성을 사모하는 것은 그 마음속에 종교적인 것 또는 종교성을 동경한다는 것을 나타내지만, 실제로는 과학과 기술로 말미암아 파괴된 인간들이 따뜻한 관계를 찾고 있는 것이며 이것이 올바로 충족되지 못하면 맹목적인 신앙이 되기도 한다.

경제의 범세계화와 미디어의 지구촌화가 이루어지고 있는 미래의 세계에는 산업주의 이전, 즉 정치 권력이 국민적 통일체로 포장되기 이전에 존재했던 것과 같은 종교 운동체들이 다시 세계 무대에 등장한다. 우리는 지금 보다 이질적인 세계 체제로 돌아가고 있다. 첨단 기술 환경에 살면서도 고대 원시인들의 의식과 가치 기준으로 회귀하고 있다. 이 상반된 모습은 우리를 미래와 과거로 동시에 데려다 주며 또한 다양한 종교들을 다시 한번 세계 무대의 중심에 올려놓을 수도 있다.

나이스비는 세번째 천년 왕국의 길목 21세기에서부터 전 세계적 다종파주의가 다시 일어나는 확실한 조짐이 보인다고 했다. 사람들은 변화로 인해 불안해질 때 다음의 두 가지 방식 중 하나를 선택하여 위안을 얻는다. 즉 '내적인 감정에 충실' 한 내향적인 방식과 권위주의적인 종교에서 '이것이 길이다' 라고 제시하는 것을 따라가는 두 가지 방식이다.

위안의 상징 체계는 권위주의적인 유태교나 기독교처럼 전통 종교에만 국한되지 않는다. 오히려 전통 종교는 안정기에는 융성하지만 대변화의 시기에는 쇠퇴한다. 더욱이 과학의 발달로 권위주의적인 종교들이 내세웠던 절대 진리가 파헤쳐지면서 그 종교들이 주장했던 절대신의 존재를 절대 타자로 보기보다는 하나의 설정된 존재로 볼 것이다. 이 때문에 유일신을 제시하는 종교보다도 인류의 공통 자아를 탐지해 주며 개인의 잃어버린 자아를 찾아주는 종교를 그리워한다.

그래서 영적인 것에는 찬성하면서도 조직화된 종교에는 반대한다. 이에 따라 산업 사회에 기반을 둔 대형 교회에 참석하는 익명(匿名)의 종교인보다는 자기 존재를 충분히 인정받으며 생각을 구현할 수 있는 특성화된 소규모 종교로 신자가 몰리는 경향이 늘어날 것이다.

그리고 인간의 정신을 모방한 컴퓨터가 인간의 능력을 추월하여 그들 스스로 의식이 있다고 주장하면 그들이 필요로 하는 정신적인 경험에 대한 능력과 통찰력도 그 깊이를 더해 갈 것이다. 나아가 자기들의 경험이 의미 있는 것이라고 확신할 것이다.

인공 지능에 관한 연구를 하고 있는 커즈와일(Ray Kurzweil)은 결국 21세기의 초인들도 "사람들이 그랬던 것처럼 신전(神殿)─가상이든 진짜는─에 가서 명상하고 기도하며 초월을 추구할 것"이라고 본다.

그러나 지금의 종교들처럼 물리적으로 과학이 메울 수 없는 하늘 저위(up there) 어느 곳에 백발 노인처럼 위치하고서 인류를 전체로 대하지 않고 개인적으로 '당근과 채찍'을 가지고 접근하는 그런 신은 더 이상 설자리가 없다.

이미 기능적인 접근을 하는 신은 무용지물이 되어버렸기 때문이다. 기능이 거의 완벽에 가까운 존재들이 필요로 하는 삶의 깊이나 궁극적인 지반을 제공해주는 곳을 찾아 종교심이 흐를 것이다.

그럼에도 아직까지 우리의 종교나 기독교는 개인의 감각적 필요를 자극하고 발 밑의 지옥을 한 손의 칼로, 저 위의 하늘을 한 손의 빵으로 제시하면서 경각심과 마취를 반복한다.

이런 견해는 종교를 아예 없애는 지름길이기에 그것과 함께 종교가 없어지지 않으려면 21세기에 맞는 새로운 해탈의 길을 모색하여야 한다.

탈터전 행진

1. 싱거워지는 터전

재능

재능은 누가 주는 것인가? 성경은 달란트 비유(마 25:14~30)와 그릇
비유(롬 9:19~29)를 들어 하나님이 각 사람에게 주신 재능의 크기와 종
류가 모두 다름을 보여준다. 인간이나 동물, 식물이 그런 형태의 기능을
갖는다는 것은 제 나름의 유전자 때문이다. 왜 그런 유전자를 그런 개체
에 주었는가 하는 것은 신의 영역에 속하는 일이었다. 하나님께서 인간
을 창조하실 때 모든 사람에게 각기 고유한 능력을 주셨고 역시 누구나
연약한 부분을 갖게 하셨다. 이는 서로 보완하며 각자의 능력을 개발하
여 전체적인 조화를 이루도록 하심이었다.

그러나 생체 공학의 발달로 '슈퍼 맨'(super man)이 출현하게 되어
결국 모든 면에 다재다능한 가능성을 지닌 인간들만이 만들어져 나오면
서 상호 보완을 위한 개인적 차이가 적어지게 된다.

머지 않아 성생활 없이 냉동된 생명, 세 명의 어머니와 두 명의 아버지
의 우성 유전자만을 디자인해서 만든 아이가 인간의 상상력 속에 갇혀
있지만은 않을 것이라고 한다. 이제 재능을 신이 준 것이라고 하기도 이
론적으로는 어렵게 되었고 그렇다고 부모가 준 것이라고 말하기도 더더

욱 난처하게 되었다.

유전자 조작으로 변형된 인공 동·식물인 L.M.O(Living genetically Modifie Organism)로 가공한 식량이나 과자, 된장, 케첩, 주스 등이 쏟아져 나오고 있다. L.M.O가 인체에 생태적, 생리적 변형이나 해독을 끼칠지 모르는 상황에서 먹어서 안 된다는 소비자 운동이 거세게 일어나고 있다. 지금보다 20배나 큰 괴물미꾸라지가 강바닥을 휘젓고 고양이만한 생쥐가 언제 사람에게 달려들지 모를 일이다. 또 당근 뿌리 꼬리를 한 생쥐 같은 동·식물 합성의 괴물들이 속속 탄생되고 있다. 근간의 연구로 행복을 느끼는 유전자의 추출에 성공하였고 모성애 유전자까지도 있어 이를 제거시킨 쥐는 자기 새끼를 돌보지 않아 굶겨 죽였다는 실험 결과도 보고되고 있다. 자칫 유전자 조작으로 행복을 느끼지 못하고 모성애를 상실한 비정 L.M.O 인간이 양산되지 않는다는 보장도 없다.

유전자 조작은 '종의 단일화'로 귀결될 수 있다. 유전자를 조작할 때 그 기준은 아무래도 경제성, 수익성이 최우선으로 고려되기 때문이다. 이미 유전자 조작을 통해 자라나는 나무들이 자라는 곳에는 다른 나무나 식물이 견디지 못해 죽고 있어 폐해가 심각하다.

인간의 게놈 조작에도 충분히 예상되는 시나리오이다. 이런 우려 때문에 이미 1983년 6월 정치적으로나 종교적으로 서로 생각이 다른 63명의 지도자와 과학자들이 '경제 동향에 대한 제레미 리프킨 재단의 결의문'에 서명했는데 그 결의문은 '인류의 생식 세포에 특정한 유전적 형질을 집어넣는 노력에 대한 완전한 금지' 요청을 덧붙여서 발표했다.

"우리가 일단 이러한 연구와 시술을 시작하면 거기에는 중단이란 없다. 인류의 완전성은 논리적 목표이긴 하지만 그러한 완전성에 도달하려고 시도할 때에 크나 큰 죄악이 저질러질 수 있다."

리프킨 이후에 여러 번의 우려가 공표되었지만 이러한 미래 지향적인 염려가 모두에게 받아들여질 징조는 현재로서는 없다. 도리어 상업적 가치로 인해 선진국들이 전략 산업으로 그 개발에 집중하고 있다. 이제 천부적(天賦的)이어야 할 재능 그리고 천성(天性)마저 인간이 주는 현실이 되어가고 있다.

인간의 재능이 하나의 기능화되어 가는 시점에서 인류사에서 가져온 편견을 지적하지 않을 수 없다. 그동안 우리는 나의 노력 없이 주어진 '재능' 또는 '건강'을 자기의 의사와 관계 없이 '다른' 모습을 지닌 이웃을 폄하하지는 않았는가?

고대 이스라엘에서 모세는 장애우가 제사장이 될 수 없도록 규정했다(레 21:17−24). 또한 피부색, 외모, 재주, 심지어 출생지 등 얼마나 많은 분야에서 많은 니와 다른 이들에게 '상처'를 주었는가? 아마도 신은 이런 인류의 모습을 강제 교정시키려고 '재능의 조작'을 허락하셨을 수도 있겠다.

신심(信心) 구조

신앙심과 정신적 경험은 같은 것인가, 다른 것인가? 다르다년 신앙은 어떻게 생기며 어디에 자리하고 있는가? 일반적으로 신심의 두드러진 현상은 '정서적 체험'과 '궁극적 가치 체험'이다. '황송하다, 상쾌하다, 장엄하다' 등과 같은 정서체험을 '숭경(崇敬)의 정(reverence)'이라고 하며, 궁극적이고 직관적인 가치 체험은 본질적으로 사유나 정서를 초월한 피조물감(被造物感)으로서 한량없이 위대한 것 앞에 자기가 놓여 있다는 의식이다.

이런 정신적 경험―일상의 한계에서 오는 무력감과 그 경계를 초월하는 감정은 정신적인 경험―은 종교나 철학에서 근본적인 역할을 한다.

그런데 정신적인 경험을 불러일으키는 기술(뇌파 바이오 피드백 시스템)은 이미 존재하고 있을 뿐 아니라 21세기에는 감정을 인위적으로 통제하는 시대가 된다.

캘리포니아대학의 신경과학자들은 느끼는 지점을 발견하여 'God Spot'이라고 명명하였다. 그것은 전뇌엽에 있는 신경 세포들의 작은 지점인데 종교적인 경험을 할 때 활성화된다. 이들의 연구를 전해 들은 옥스퍼드의 주교인 리처드 해리스는 "하나님이 우리를 창조하면서 신앙을 위한 육체적 장치를 만들었다는 것은 놀라운 일이 아닙니다"라는 반응을 보였다.

또한 1989년 옥스퍼드대학 리처드 도킨스 박사는 그의 책 『이기적 유전자』(The Selfish Gene)에서 문화 진화를 생물학적 진화 원리를 통해 설명한다. 문화적 특성을 유전시켜 주는 일종의 마인드 바이러스로서 '밈(meme, 모방의 단위라는 뜻을 가진 그리스어 'mimeme'에서 유래)'의 개념을 도입하였다.

인기 연예인의 장식품을 살 때 "사고 싶어서, 예뻐서…."라고 할지 모른다. 그러나 이런 행위를 하게 하는 것은 나의 의지라기보다는 '밈'의 영향이라 볼 수 있다. 정자와 난자를 통하여 유전자가 세대간 이동을 하듯이 '밈'도 우리 마음에 번식할 때에는 모방이라는 과정을 통해 뇌에서 뇌로 운반된다고 한다.

유전자인 진(gene)과 밈 사이에는 중요한 차이점이 있는데 그것은 밈이 유전자에 비해 보다 영속성을 지닌다는 것이다. 진(gene)은 한 세대가 거듭될수록 그 특성이 반감되기 때문에 오랜 시간이 지난 후에는 많은 부분이 변질된다. 하지만 밈은 많은 세대가 거듭되더라도 그 특성이 비교적 유지된다. 우리가 문화를 존속 발전시킬 수 있는 것도 윗 세대들의 문화를 밈으로 물려받았기 때문이다.

따라서 호모 사피엔스 사피엔스인 오늘의 사람으로 진화하기까지는 진과 밈의 공생 작용에 따라서 밈은 사회 문화적 생물체의 특성이라고 말할 있는 언어 관습 및 사회적으로 전수되는 가치관을 형성하는 데 이바지하게 되고 사람의 대외피질에 공생자(Symbiont)로 서식하여 뇌에서 반복적으로 성육화(The reiterated incarnations)되면서 문화적 진화를 이끌어 가게 된다. 유전자가 없는 인간 존재는 성립할 수 없는 것처럼 밈의 영향을 받지 않은 사람은 없다. 밈은 바로 인간성 그 자체이며 신념의 핵심이다.

종교는 문화와의 제일 큰 차이점으로 문화는 단순히 전수되고 자연스럽게 습득되지만 종교의 지식은 단순히 학습으로 되어지는 일이 아닌 '계시' 적 차원임을 강조한다. 그것은 어느 종교든 쇠퇴와 멸망 시기는 그 종교가 지닌 진리가 체계화되면서 시작된다. 즉 하나의 종교가 자신의 진리를 교리화, 문화화하면서 그 종교는 자신이 출현할 때 스스로 지니고 있던 역동성과 헌신을 상실하게 되고 종내 소멸하고 만다.

무속 종교가 우리 역사에서 그토록 끈질긴 생명력을 가지고 있는 것도 역설적으로 체계화된 신학이 없고 중심되는 진리가 없고 언제나 생동적인 신의 계시를 받아 전날한나고 하기 때문이다.

그렇다면 고등 종교들이 단순한 문화 현상이 아닌 '계시종교' 로 인정받으려면 어떻게 해야 될까? 그것은 설교나 설법, 전도를 하는 사람이 먼저 그 가르침대로 살 때에만, 비록 종교적으로 살기가 어렵지만 그래도 그 이상의 어느 정도는 근접해서 살 때 곧 그 삶의 힘이 신적 은총임을 인정받게 된다.

건전한 상식으로 이상해 보이는 일들이 발생해도 종교의 신비를 내세우며 계속 유지된다면 그것은 '계시' 의 작용이 아닌 단지 밈의 영향을 지독히 받은 중독 현상이라는 말을 들을 수밖에 없다.

이미 하나의 거대한 체계와 문화로 자리잡고서 그 본래의 역동성을 상실한 한국 종교인들의 신심은 '밈' 의 영향일 뿐인가? 뇌의 작용일 뿐인가? 계시적 작용인가? 그 해답은 종교가 본래의 한 알의 밀알처럼 자기 희생을 통한 생명력을 보여주느냐에 달려 있다.

영혼과 생명

인간은 어떤 존재일까? 대체로 종교는 영과 육으로 구분하며 이와 유사하게 인문학의 전통 사유도 데카르트의 "나는 생각한다 고로 나는 존재한다"는 존재증명의 '사유' 와 '육체' 의 이분법적 도식을 그 경계선으로 하고 있다

'인간의 정신' (精神, spirit)은 인간 특유의 정체성으로 '사유' 나 영혼' 을 포함하고 있어서 동·식물의 생명보다 우월한 특징으로 자리 매김해 왔다. 이러한 전통으로 근세 이전에는 이 불가해한 정신 세계를 탐구하며 가르친다고 하는 철학과 신학이 학문의 여왕이라는 칭호를 받았다. 그러나 현대에 들어서 참 가치와는 거리가 멀다고 여겨져 온 형이하학이 형이상학을 주도하고 정신 세계를 거센 급류로 후퇴시키며 계몽하기까지 이르렀다.

기능인으로서의 능력보다는 고매한 인성을 추천하고 흠모해왔던 전통의 사유가 무너졌다. 근대로 들어서면서 '인간다움' 이란 인격과 재능의 합성으로서 개인에 대한 평가의 기준이었다.

인격이 존경의 대상이라면 재능은 부러움의 대상인데, 근대 이후 한 인간에 대한 평가는 인품(Homo Sapience)보다는 재능(Homo Faber)으로 압축되면서 종래의 철학이나 종교의 설자리가 좁아진다.

최근의 '인간 본질' 에 관한 논의도 '사람다움의 경계선' 을 모호하게

만든다. 플라톤(Platon, B.C 472~347)이 몸을 '영혼의 감옥'으로 만들어 몸에 부정적인 이미지를 한껏 덮어씌우고 난 뒤 그 영향으로 초대 교회의 중요한 인물인 오리겐(Origen, 182~254)은 경건을 위해 스스로 불구자가 되었다. 그러나 2000년이 지난 지금은 미셸 푸코가 "영혼은 몸의 감옥이다"라고 선포하면서 "인간의 본질은 육체이다"라고까지 말하게 되었다.

더 나아가 사람을 사람답게 규정했던 경계선이 모호해지고 있다. 우선은 게놈 프로젝트에 의해 생명 현상에 대해 아는 게 너무 많아 졌다. 게놈(genome, 유전자 전체)을 분해하여 유전자 한 개를 분리해 내면 이것은 생명과는 거리가 먼 화학 물질에 불과하다. 분리해 낸 유전자 한 개의 건강상태, 유진자끼리의 상관 관계, 맡은 바 임무 등에 대하여 물리, 화학적 방법으로 알아볼 수 있고 우리가 마음대로 개조할 수도 있다.

죽음 이후의 세계 즉 영생은 신의 존재에 침묵하도록 하고 믿음의 최대 선물로 상정되며 불교에서는 윤회로, 기독교에서는 부활로 표현하고 있다. 칸트마저도 죽음 이후의 심판이 이론적으로는 이해하기 어려우나 실천의 분야를 위해 요청된다고 하면서, 우리의 자유로운 선(善)의 실행을 위해 영생(永生)은 '요청되는 것'이라고 한다.

인류가 종교와 철학에 의해 제시된 행위의 반경을 정해 놓은 경계선이 모호해졌다. 생명 과학은 생명 현상을 종교의 신비한 영역에서 화학 반응의 총체 수준으로 끌어내렸으며, 현대 철학의 사유는 '절대 정신', '선험적 주관성', '순수 자아'를 더 이상 영혼이 아닌 몸에서 찾고 있다.

그렇다면 동물과 구별되는 지점, 신과 합일할 수 있는 특정한 자리라 불려온 정신은 인간에게 언제부터 시작되는 것일까? 이제는 그 출발점마저 모호해지고 있으며 출발점에 대한 여러 견해가 있을 뿐이다.

인간 정신의 기원과 인격(人格)에 대해서는 윤리학자들은 기본적으로 세 가지 접근을 해왔다.

첫째는, 유전인자 접근학파(the Genetic School)이다. 이 학파는 인간을 유전적 암호(Genetic Code)와 동일시한다. 이들은 모든 사람이 육체적으로나 정신적으로 얻는 성품은 여자의 난자와 남자의 정자가 합할 때에 형성된다고 보는 것으로서 수정과 동시에 영혼이 들어오는 것으로 본다.

인간의 성악설(性惡說)을 주장하는 근본주의에서는 인류의 시조인 아담의 타락이 영혼의 품성으로 유전되어 인간은 모순된 정체성, 또는 정신을 가지고 있다고 본다.

태아의 유전적 암호는 임신하고 있는 여자의 유전적 암호와 다르기 때문에 그 태아를 하나의 인격적 존재(person)라고 주장하게 된다. 이러한 입장을 따르는 사람 가운데 대표적인 사람은 램지(Paul Ramsey)가 있으며 보수적인 종교단체도 이 견해를 지지한다.

둘째는, 태아의 발달을 중심으로 접근하는 학파(the Development School)이다. 이들은 유전인자형(genotype)으로만 영혼이 있다고 충분하게 설명할 수 없다고 보고 태아(foetus)가 인격체라고 말하려면 좀 더 생리학적 능력이 있어야 한다고 주장하는 입장이다.

모로비츠(Morowitz)와 트레필(Trefill)과 같은 학자들은 태아의 '대뇌피질'의 기능이 생겨서 인간으로서의 의식을 가질 수 있는 수정란 발생 후 25주 이후부터라고 본다.

그러나 이들도 의견의 일치를 보고 있지는 않다. 어떤 사람은 임신 때부터라고 하고 어떤 사람은 특정 기관이 분화할 때를 강조한다.

셋째는, 사회적 결과를 중요시하는 학파(the Social Consequences School)이다. 이것은 사람됨(personhood) 가운데서 사회적이고 인격적인 요인들을 중심으로 하여 접근하거나 사회가 인격체로서의 사람을 정의하도록 결정한다고 논증함으로써 접근하는 입장이다. "사람이면 다 사람이냐? 사람다워야 사람이지"와 같은 경우이다.

여기서는 생명을 생물학적 요인들에만 국한시키지 않고 오히려 실제적으로 고려하고 있다. 따라서 태아의 가치를 본래부터 있는 것으로 보지 않고 외부에서 얻어진 것이라고 주장한다. 다시 말하면 태아의 삶의 가치를 사회가 결정한다고 보는 것이다. 이 논증은 생명의 시작이 언제부터이냐 보다는 오히려 인간성(humanity)을 더 고려하고 있다.

전통적으로 신학자들은 인간은 육체와 영혼으로 구성되어 있다고 보고, 육체에 영혼이 깃들이는 시점을 각자 다른 세 시점을 주장하는데 영혼 선재설과 창조설 그리고 유전설이 있으며, 이 세 이론의 한 가지 공통점은 태아에게 영혼이 있다는 것이다. 먼저 천주교 신학의 기반을 제공한 토마스 아퀴나스는 아리스토텔레스의 이론을 더욱 확장하여 사람의 출현은 태아가 영혼을 받게 되는 순간과 일치한다고 본다.

개신교 신학자인 칼 바르트(Karl Barth)는 아직 출생하지 않은 태아도 하나의 아이(child)이며 아직 발달하는 단계에 있으면서 독립된 삶을 살고 있지 않을 뿐이라고 했다. 그 태아는 하나의 사물(a thing)은 아니며 그렇다고 어머니의 신체의 한 부분도 아니며 사람(a man)이라는 것이다. 생명에 대한 개신교나 가톨릭의 입장은 시작에 대한 차이일 뿐 신의 창조성 신의 형상성, 그리고 존엄성 등은 전적으로 일치하고 있다.

그러나 생식 발생학과 유전학 분야의 접합으로 생식 유전학이라는 분야로 발전했고, 복제에서 배아의 선별, 그리고 유전 공학에 이르는 공상 소설 속의 이야기들이 현실화되면서 몇 가지의 윤리 철학적, 신학적인 난제를 유발한다.

먼저는, 성(性)의 인위적 선택에서 발생하게 되는 난제이다. 출생을 자연에 맡겨 둘 경우에 남여의 출생비는 51.4 : 48.6이다. 그러나 결혼 적령기에 이르면 남아 사망률이 높아 이 비율은 거의 1 : 1이 된다. 연구실에서 특정 성(性)의 염색체를 선정할 경우 이런 자연의 섭리가 깨어져 성비가 불균형을 이루게 된다. 이미 유교 문화권인 한국과 중국 등에서 하나의 사회 문제로 나타나고 있다. 취사 선택할 권한이 어른에게 주어지므로 아동을 등한시하게 되고 성적 차별(sex discrimination)을 태어날 때부터 받게 된다.

더욱 근본적인 난제는, 이미 실제적으로 가능해진 인간 복제(human cloning)가 야기한다. 식물에 이 복제를 사용할 경우에는 윤리적인 문제가 크지 않으나 안정적이고 장기적인 장기 이식이나 여타의 필요에 의해 인간을 복제할 경우에는 두 가지 신학적 문제가 발생한다. 먼저, 남녀가 만나 합쳐져서 태어나는 것이 창조의 원리이며 정상적인 한 개체로서 소위 신의 형상을 지닌 인간으로 당연시했는데 이런 관점에서 본다면 "복제로 만들어진 인간, 성관계를 통하지 않고 태어난 코드화된 인간의 정체성은 과연 무엇이냐?"라는 윤리·신학의 원초적 질문이 제기된다.

즉 발생학적 관점에서 늘 신비의 대상이었던 인간의 생명이 전혀 신비하지 않게 된 것이다. 복제 인간에게는 과연 영혼이라는 것이 있는가? 만일 있다고 한다면 그 영혼은 의사도 줄 수 있다는 결론이 도출된다.

이 질문과 대답 앞에서 만일 남성과 여성의 관계에서 태어난 존재만이 지고한 존재이며 그 나머지는 모두 '타자'의 범주에 넣어 지배하려는 인간 중심주의적(antrpocentrism) 생각을 계속 견지하면 인간의 정체성은 완전히 무너진다.

이러한 위기는 '타자'로 치부했던 대상들을 새롭게 가치 복권을 시킴으로서만 극복이 가능하다.

인간은 물론, 어떤 방식으로 태어났든, 설령 복제 인간이라도, 그리고 자연까지 모든 존재는 존재함으로서의 '생명 가치'가 있음을 수용할 때 인간의 정체성이 '타자'를 죽이는 정체성에서 살리는 정체성이 된다.

　복제 인간이 가능한 이 시점에서 우리의 과제는 '초월적 이성의 존재'로서의 인간과, 모든 정신이 철저히 결여된 '순수물질'로서의 자연이라는 이원론을 극복하는 것이 되어버렸으며, 인간과 자연의 상호 의존성을 회복하기 위한 하나의 필수 조건도 된다.

　그렇지 않을 경우에 과학자들이 만든 새로운 종(種)이 신이 만들었다는 인간보다도 월등히 뛰어나게 될 이 아이러니를 해명할 방법이 없다.

피안의 세계

　아직은 우리 삶의 확실한 변경으로 생의 단절이라는 커다란 심연이 놓여 있다. 그러나 복제로 만들어진 인간을 생물학적 수명이 끝나기 전에 계속 복제하면 이론적으로 영원히 살 수 있는 '생물학적 불사불멸'(biological immortality)이 가능해 지는데 "과연 한 인간 생명의 시작과 끝을 어떻게 보아야 하느냐?"는 새로운 물음이 제기된다.

　D.N. A의 재생기술은 위의 여러 논의보다 더욱 당혹하게 한다. 스티븐 스필버그(Steven Spielberg)의 영화 〈쥬라기공원〉에서는 호박 속에 박혀 있는 1억 년 전 공룡의 D.N.A를 추출하여 재생하는 만화 같은 사건이 가상으로 전개된다. 그런데 이론적으로는 D. N. A.로 공룡을 재생하는 것이 가능하다.

　지난 1995년 5월 캘리포니아 주립대학의 라울 캐노(Raul Cano) 교수는 2500만 년에서 4000만 년 전의 것으로 추정되는 송진 속에 갇혀 굳혀진 호박 속에 있던 꿀벌의 몸 속에서 배종(胚種)으로 변한 박테리아를 다시 살려 냈다고 한다. 이러한 바이오 테크놀로지의 발달은 신비함과 더불어 두려움마저 느끼게 한다. 이미 굳어져 있는 곤충으로부터 유전인자를 추출하여 재생시키는 시도가 인간에게까지 시도될 수 있다. 이미 언론은 가장 복제하고 싶은 인간, 복제하고 싶지 않은 인물 등을 여론 조사하여 역사 속의 인물을 가상으로 재생시키고 있다.

이제야 이러한 생명 공학과 인공 지능 연구의 심각성을 사회 과학·철학·신학계에서 깨닫기 시작했으나 벌써 과학 기술과의 차이가 너무 나 버렸다. 이미 사회를 표현하는 새로운 방정식이 자리잡았기 때문이다. ‘사회는 기계’에서 ‘기계는 사회’로 정의되면서 사회적, 경제적, 정치적 행동들이 기계를 매개로 일어나고 맨 뒤에 철학적, 종교적 사유까지 뒤따르고 있다. 결국 인문학이 아닌 기계들이 사회화의 중계 역할을 하고 있는 웃을 수 없는 코미디가 연출되고 있다.

먼 미래의 일이겠지만 노쇠한 인체를 로봇으로 대체하고 개인의 정신을 그 로봇에 인스톨된 인공 지능에 스캔을 하여 스캔된 사람과 똑같은 감정, 인격, 과거를 가지고 행동하는 일이 가능해진다면 한 개인의 삶을 어디까지로 보아야 하는지 미궁 속으로 빠져든다. 육체는 소멸되었더라도 의식과 정신이 연속된다면 재생으로 보아야 하지 않을까?

언젠가는 죽었던 인간의 생명을 다시 살리는 부활의 신비까지 인간이 조작하려고 시도할 것이다. 이제 과학은 신의 절대 영역이라 불리우는 생명의 재생까지 자연스럽게 손을 뻗치게 될 것이다. 현대의 기술 낙원에서 선악과를 따낸 후 생명 과실을 따내려고 다시 시도하려 한다. 물론 창조 설화를 보면 먼 옛날 하나님은 에덴동산에서 선악과를 따는 것까지는 허용하셔서 인간의 문화를 시작하게 하셨으나 생명과의 과실은 따지 못하게 막으셔서 인간에게 영생의 권한을 소유하는 것을 금하셨던 것처럼 과학의 진보에 제동을 거실지도 모르겠다.

도리어 신은 과학의 진보를 통해 인간의 불가능성을 담보로 해서 수많은 사람들을 혼란하게 했던 그리하여 아무도 논증할 수 없는 초논리의

세계에 안주하면서 역사의 진보에 무심했던 거짓 종교를 훼파하도록 하실는지도 모르겠다

진실한 신앙인으로 살고자 했던 함석헌 옹(翁)이 '한국 기독교의 오늘날 설자리'라는 글에서 "그놈의 천당이 나라를 망쳤다. 감히 못할 말인 줄을 나도 안다. 그렇지만 이 말하다가 스데반처럼 돌에 맞아 죽어도 좋다. 별을 바라보다가 도랑에 빠졌다. 도랑이나 되면 좋게, 발목을 다친 정도가 아니다. 빠진 다음에는 나올 수가 없는 수렁이다. 절대로 하늘나라가 없다는 말 아니요, 하늘나라 찾는 것이 잘못이란 말 아니다. 주의 기도에 보라. 하늘에 계신 아버지만 찾는 것으로는 기도가 되지 않는다. 나라가 임하라했지 공중에서 감 먹으려는 듯 입만 벌리고 있으라는 것 아니었다 … 중략 … 사회 없고 공동 역사 건설의 책임이 없는데 우리가 어디 있으며 잘못은 무슨 잘못이며 용서는 무슨 용서인가? 허공에 있는 것이 햇빛이 아니요, 땅에 내려와야 빛이요 열이듯이 하늘은 무한 막막한 허공에 있지 않고 땅에 와있다. 하늘 나라는 너희 사이에 있다는 말은 왜 그렇게 쏙 빼놓는가? 저도 모르게 책임지기 싫어서, 그저 노는 것이 좋아서 한 생각이 아닐까? 그것이 천당 아닐까?'

그분의 절규는 한국 기독교가 기지고 있는 지독한 이원론에 대한 것이었다. 즉 노동과 기도, 예배와 생활, 교회와 세상, 성직과 평신도 등을 구별해 신앙의 영역을 성전 안으로 한정시켰다. 이는 신앙의 '바벨론 포로'로서 모든 신앙을 입술의 중얼거림에서 멈추게 하는 '신앙의 주문화(呪文化)'에 머무르게 한다.

여기서도 '모로 가도 서울만 가면 된다'는 고약한 격언이 통용된다. 모로 가도 교회만 크게 지으면, 사람만 많이 모이면, 헌금만 많이 걷으면, 총회장만 되면, 더 심해지면 모로 가도 천당만 가면 된다. 그 천당가는 방법은 오직 하나 신앙만 있으면 되니까 이웃도, 진실도, 정의도 그렇

게 중요한 것이 못된다. 이제 오늘 잘 되는 것만 복이요, 또 잘 되도록 처세하는 것이 신의 은총이다.

이렇게 되니 사회의 소금이어야 할 종교가 군사 쿠데타를 일으킨 사람을 호텔에 가서 '신의 사자'라고 칭찬하고 청와대에서 찬송 소리만 나면 나라가 잘된다고 하면서 노골적으로 선거 운동하면서, 국민이면 당연히 내야할 세금 납부를 거절하는 등의 일들이 공공연하게 일어난다.

이제는 '영생'과 '윤회'를 담보로 하는 강력한 전교의 방식이 현저히 약화될 수 있으므로 영생을 담보로 해온 '담보 전교(擔保傳敎)'에 대한 대안을 모색하여 '당위 전교(當爲傳敎)'를 지금부터 모색할 때가 아닐까? 아니 시작해야만 그나마 존립할 수 있다.

2. 숨을 곳이 없는 신

1989년 11월10일의 베를린장벽 붕괴로 상징되는 '이데올로기의 종언'은 '절대'와 '획일'을 거부하는 사회로 나타났다. 과거에도 다른 목표나 관점이 있었으나 어느 하나의 '주의'(ism)를 관철할 수 있었던 것은 중앙의 독재적인 힘이 있었기 때문이다.

즉 절대군주제의 사회나 전체주의, 이념의 사회에서는 절대적 가치를 주장할 수 있는 사회적 분위기였다면, 이제는 한 가치가 다른 가치를 강제로 제압하는 힘을 잃어버렸다. 이로써 현대 사회는 과거의 어느 시기보다도 다양한 시각을 표출하고 존중받게 된 것이다. 또한 사물이나 제도의 탄생 및 존립도 사용자의 필요와 생산자의 계획에서 생기는 단순 생산―소비도식으로 이루어지는 것이 아니라 소위 소비자가 자신의 필요에 의해 생산에 관여하는 '생산 소비자'(prosumer)의 출현으로 바뀌어 가고 있다.

따라서 종교 지도자들이 경전과 전통을 근거로 하여 믿는 이들에게 단순히 '이것이 신에 대한 로고스이다'라고 생산하면 믿는 이들이 그것을 진리로 수용하는 시대는 벌써 지나가 버렸다. 신학도 하나의 생산물이요 믿는 이들에게 생활에 필요한 일종의 사용품인 것으로 여겨지는 시대적 요청이 일어나고 있다.

예일대학 교수 조지 린드백(G. Lindbeck)은 『교리의 성격』(*The Nature of Doctrine*)이라는 책에서 신 존재에 대한 교리나 신학은 신앙에 대한 일종의 규칙(rule)일 뿐이라는 접근을 하고 있다. 이는 '신학이 무엇이냐'(What is theology?)라는 측면에서 접근할 때는 지나갔으며 '신학이 무엇을 하느냐'(What does thelogy do?)라는 측면에서 접근해야 함을 뜻한다.

한마디로 말하여 종교가 말하는 신의 존재 이유와 신학적 사고가 포스트모더니티 속에서 다양해지면서 그 신의 기능이 '프라그마'(pragma, 실행위)로서만 의미와 정의가 추구된다.

그 프라그마는 예전처럼 인간의 이해력이나 능력이 미치지 못하는 것에 대한 해답과 설명을 주는 따위가 아니라. 이타적인 겸허함과 공동선에 대한 헌신에서만 효험이 있게 된다,

이미 인간은 신이라는 '작업가설'(working hypothesis)의 도움을 빌리지 않고서도 기능적인 문제들을 처리해 가는 방법을 알고 있다. 과학의 영역에서와 마찬가지로 보통의 일반 영역에서도 신(神)은 끊임없이 그 활동 범위를 억제 당하고 있으며 지반(地盤)을 잃고 있다.

점차 증대되고 있는 신 없이 성숙해 가는 세속화의 도정에서 고등 종교가 가르치는 신은 점점 이 세계에 대해 무력해지고 약해진다. '전능한 신' 등의 추상적인 신관은 공적인 장소에서 퇴출당하고 있다.

이런 상황을 헉슬리는 다음과 같이 말한다.

"자연을 해석하고 이해하는 데 있어서 신이라는 가설은 이미 그 실용 가치가 없어졌다. 도리어 더 참되고 더 좋은 해석을 방해하는 경우가 많다. 실지에 있어서 신은 지배자라기 보다는 도망가는 고양이의 미소(微笑)를 닮아 가고 있다. 물론 신들이 때로는 이권(利權)의 보호하에, 때로는 게으른 사람들의 마음속에, 때로는 정치가들의 노리개로, 또 때로는

불행하고 무식한 사람들의 피난처로 남아 있게는 될 것이다."

그것은 다른 모든 영역에서 밀려난 신이 있을 수 있는 마지막 피난처, 최후의 비밀 장소는 개인의 필요(need)라고 하는 사생활의 세계일 뿐이라는 것이다.

그렇기에 각각의 종교가 특수하게 주장하는 신적 속성이 신에게만 독특하게 있는 속성이라는 것을 거부해야 한다. 이것은 종교의 초자연성을 파괴하여 무신론자들처럼 자연주의로 마감하려는 것이 아니다.

오히려 인간의 경험 전체에 공통되는 요소(feature)로서 신의 속성을 하늘로부터 끌어내려 이 땅에 복귀(復歸)시키려는 것이다.

포이에르바하(Ludwig Feuerbach)에 의하면 "진정한 무신론자는 객체로서의 신을 부인하는 사람이 아니고, 주체자로서 사랑과 지혜와 정의와 같은 속성을 부인하는 사람이다."

이제 신에 관한 표현을 인격적인 관계의 궁극성에 관한 표현으로 바꾸는 길이 종교가 21세기에 해탈하는 길이며 낯선 길로 접어드는 입구(入口)이다.

낯선 길

1. 초석 놓기

과학과 종교

종교와 과학은 양립할 수 없는 것일까? 종교인들은 과학의 발달이 종교의 영역을 축소시킨다고 믿어 과학의 발전에 탐탁지 않은 시선을 보내왔다. 일찍이 지구 밖의 생명체를 주장했던 브루노는 화형을 당했고 갈릴레이는 교회에 의해 파문을 당했다.

우리에게는 두 가지 법칙이 있는데 구조 법칙(structural law)과 규범 법칙(normative law)이다. 구조 법칙은 우주를 생성과 유지에 관한 것이며 규범 법칙은 정당하게 세계의 질서를 지키며 생태적 관계에서의 그 기능을 가르쳐 준다.

과학은 창조물의 내부 속성에 대해서만 설명해 준다. 과학이 다루려는 내용은 '자연의 법칙이 어떻게 운행되는가' 에 관한 것이다. 사과가 땅에 떨어지는 현상을 보면서 과학자들은 어떠한 궤도로 어떤 시간 간격으로 떨어지는지에 관심을 보인다. 물체의 낙하 운동에 관한 법칙을 발견하려는 것이다.

자연의 숨은 뜻을 인정하고 그것을 밝혀내려고 노력한다는 점에서 과학자들은 나름대로 독실한 신앙을 가진 사람들이다. 그러나 과학은 사과가 어떻게 땅에 떨어지는가에 대한 답은 줄 수 있어도 왜 떨어져라 하는가에 대한 물음에는 해답을 주지 못한다. 다시 말해 과학은 자연이 어떠한 목적을 가지고 우리 눈앞에 존재하는지 대답하지 못한다. 이것이 과학의 한계다. 궁극적 실존이나 창조주에 대해서도 답변할 수가 없다. 창조물에 대해서도 그 규범 법칙은 밝힐 수 없고 구조 법칙에만 관계한다.

기독교는 육체의 종식 후 영혼이 가는 행방에 대해 언급하고 있고, 불교는 본래 영혼의 존속을 인정하지 않으며 궁극적으로는 생명의 전면적인 소멸을 이상으로 삼는다. 그러면서도 '숙업'(宿業)으로 인한 '상속'이라는 사고방식이 있어서 '윤회전생'(輪回轉生)이라는 형식으로 사후 생명의 잠정적인 존속을 인정한다.

이처럼 과학과는 달리 '사후 생명'의 존속을 인정하는 종교의 사상에서는 '현재 생명'의 활동과 지금을 초월한 저편의, 인간의 '궁극적'인 문제를 연결시킨다.

과학은 하나의 해석적인 활동이기 때문에 많은 인류에게 많은 이해와 유익을 준다. 그러나 과학주의로 빠져 기술공학적 천년왕국을 동경한다면 과학 기술의 오용을 제어할 수 있는 초월적 규범을 놓치게 된다. 과학과 기술을 주인으로 보기보다는 비신화하여 종으로 볼 때에 비로소 인류 역사의 초두에 신적 로고스에 의해 인간에게 명령된 문화 명령의 한 부분으로 과학이 위치하게 되어 참으로 가치 있는 활동이 된다.

존재의 목적성에 관한 문제는 어떤 자연 과학도 영원히 밝혀낼 수 없다. 여기서부터 종교 철학의 영역이 시작된다. 따라서 둘은 근원적으로 추구하는 영역이 다르다.

또한 과학 기술이 인간에게 어느 정도 경험적 사실에 대해서는 객관성을 담보한다 해도 '인격의 진실성'을 확보하는 데에는 한계가 있다.

21세기의 과학은 그 옛날 무지했던 시절 '하늘이 내린 병'이라고 치부

되었던 정신 질환 등을 각종 요법을 개발하여 극복할 것이며 '인간이 상상할 수 있는 최대의 행복' 이라는 '노화의 해방' 등을 가져다 줄 것이다. 이제 생명 현상에까지 과학 기술의 힘이 개입하게 되면서 기상 천외의 일들이 단순한 상상에만 그치지 않게 되었다.

따라서 무한 질주하는 과학 활동에 보편적 가치를 근거로 하는 종교 철학이 개입할 수밖에 없다. 왜냐하면 과학자만이 아닌 모든 사람들이 그 기술 충격의 영향권 안에 직접 들어 있기 때문이다.

에리히 프롬이 "현재의 시스템에서 무엇인가를 하는 일이 기술적으로 가능만 하면 그것의 원리가 받아 들여져 다른 일체의 가치는 왕좌로부터 쫓겨나고 윤리의 기초가 되고 만다"고 지적했듯이 인간은 급속하게 발전해 가는 과학의 율동(rhythm)이나 요구에 지배되는 부속품으로 전락되어 버린다.

지금까지 인류가 자유와 행복을 위해 전력을 경주해 온 21세기가 유종(有終)의 미(美)를 거두어 행복의 정점에 도달하는 시대가 아니라 정반대로 인간이 사고(思考)나 감정도 제대로 가지지 못하는 기계와 같은 철저한 비인간화의 시대가 될 수 있다.

그것은 사물의 조건과 근거를 끈질기게 따져 묻는 방식이 '과학적 사유' 이며 과학적 사유는 사물의 파악을 통해서 그 사물을 지배하고자 하는 사유이기 때문이다.

예를 들어서 병이 일어나는 원인을 알 때 우리는 그 병을 다스릴 수 있다. 근대 과학 기술 문명은 이렇게 근거를 따져 묻는 사유를 통해 다른 종류의 사유를 몰아내고 자신의 배타적인 우위를 확보해 가는 과정이다.

현대 사회에서 정보는 사물들의 조건과 근거에 대한 정보이며 우리가 그러한 사물들을 지배할 수 있게 해준다. 현대인들은 자신의 시대를 인류역사상 가장 많은 정보를 소유하고 있는 시대라고 찬양하지만 하이데거(M.Heidegger)는 이 시대를 공허한 시대, 니힐리즘(nihilism)의 시대라 단정한다.

미래는 날카롭기만 한 과학적 사유와 그것에 기초한 기술의 지배하에서 사물들이 자신의 고유한 존재를 상실하고 해체되어 버리는 시대이다.

각 사물의 고유한 존재 방식을 존중하지 않는 기술은 모든 자연을 도구화해 버리고 인간의 존재 목적이나 우주의 목적에 대해서 답변할 수가 없을 뿐 아니라 이 한계에 유의하지 않으면 인간 존재마저도 기술에 종속되어 그 존재 의미를 상실하고 말 것이다.

인간이라는 존재는 물질적 욕구와 생리적 욕구만 가지고 만족할 수 없다. 일차적인 육체 만족 후에는 반드시 이차적인 욕구 즉, 애정과 존경에 대한 욕구, 자기 초월에 대한 욕구 그리고 가치 있는 일에 대한 자기 실현의 욕구가 따라온다. 그래서 인류는 신화(神話)나 연극, 예술이나 종교 등을 통해 인간됨의 독특성인 이차적 욕구를 충족시키고자 하였다.

그러나 과학의 새로운 발전은 인간을 이차적인 관심에서 소외(疎外)시킨다. 마치 원시인이 자연의 힘 앞에서 무력했던 것처럼 현대인은 자기 자신이 만든 과학 앞에 무력하다. 현대인은 사람을 섬기라고 만든 정보기기에게 오히려 모든 것, 편리함은 물론 운명까지 그야말로 모든 것을 맡기고 사는 존재가 되어 버린다.

무한한 소비의 증대와 모든 감각을 발산할 수 있는 기계를 만들면서 이성은 최소로 쇠약해져 가고 발전해 가는 기계 문명을 올바르게 사용할 수 있는 예지(叡智)도 어두워지면서 상대적 우월감을 부추기는 시장 지향적 성격만이 유일하게 발전을 거듭해 간다.

비록 현대 과학이 1차적 욕망에서 출발하였더라도 이 욕망을 사랑이나 진실 그리고 정의, 섬김 등의 궁극적 가치가 관심사가 되도록 하는 일은 종교의 몫이다.

이런 관점에서 이어령 교수의 '문지방 넘기' 는 많은 점을 시사한다. '기존의 산업 기술과 정보 기술이 통합된 새로운 멀티미디어의 기술 사회의 실현은 이미 기본이다. 이제 기술과 예술의 문지방 넘기, 과학과 종교의 문지방 넘기, 즉 지식의 적용이 인간의 삶의 가치를 더 높이며 자연이 그 본질을 꽃피우도록 하는 방향으로 나아가야 한다.

종교는 과학을 경원시하거나 배타하지 말고 과학 속에 종교적 자산을 부여하며 과학도 과학 그 자체만으로는 인간을 동물과 다른 존재로 위치시킬 수 없다는 것을 알고 예술이나 종교의 시각을 합성해 가는 욕망의 교차(cross-over)를 통한 해석학적 순환이 필요하다.

언제나 지식은 미래를 예언하고자 한다 그러나 그 지식이 현시화(顯示化)되는 데에는 한계가 있다. 또한 정보 공학과 접목된 생물학은 더 한층 새로운 형상을 현시화하지만 유기체인 인간과 관련된 세놈 프로섹트의 현시화에는 변수가 많이 작용한다.

먼저 유전자 조작을 통해 행동과 성격을 예언하려고 하는 일이다. 유전이 지능은 물론 식사 스타일, 니코틴 중독, 폭력성향 등에도 결정적으로 영향을 끼친다는 것은 분명하다.

그러나 유전적 프로그램은 그처럼 단정적으로 작용하지 만은 않는다. 대다수 학자들은 조건 반사처럼 완전히 유전되는 이른바 '닫힌 유전 프로그램' 이 있는가 하면 후천적으로 변화 가능성이 무궁한 '열린 프로그램' 도 많다고 주장하기 때문이다.

인격과 사회 공헌, 능력의 발휘 등은 선천적인 재능뿐만 아니라 주변 환경, 타인과의 관계 등이 복합적으로 작용하기 때문이다. 대중이 가지고 있는 복제에 대한 이미지는 일종의 모조품으로서 복제 인간이 원본 인간과 '복제의 순간까지 그의 모든 느낌과 그의 모든 버릇과 기억을 가지게 될 것' 으로 생각한다. 그러나 어떠한 과학자도 사람은 고사하고 동물조차도 완전히 자란 형태의 복사품을 만들어 낼 수는 없다. 그들이 할 수 있는 일이라고는 성인의 유전 물질을 사용하여 발생 과정을 다시 시작하게 할 수 있을 뿐이다.

특히 기능적인 부분보다 인격적인 '사람됨'에는 게놈의 조작만으로 절대 이루어질 수 없다. 한사람의 '사람됨'은 약간의 타고난 기질과 여기에 수놓아진 다양한 경험의 총체이다. 태어나서 주고, 먹고 배설하고, 미워하고 사랑하고, 생각하고 말하는 것과 같이 움직이는 삶의 하나 하나가 '사람됨'의 결을 이룬다.

그런데 사람다움이라는 것은 '삶다움'을 지향한다는 말이다. 즉 사람다움은 자기 생의 지금까지의 '이미'와 이후의 현존에 대한 마음짓인 삶다움에 대한 '아직'의 차이를 보고 느끼는 것이다.

나의 삶이 지금 이래서는 안 된다는 판단과 지금 여기의 여느 삶이 실은 훼손된 것이거나 어떤 것을 잊거나 잃은 것으로 판단하고 '이미'와 '아직'의 소용돌이 속에서 어떻게를 갈구한다. 즉 과학은 무엇이 '어떻게'에 대해서 발언하고 종교는 무엇이 '왜' 무엇이다라는 발언을 한다. 따라서 과학의 과제는 종교와 더불어 종교를 위해 있어야 하고, 종교의 과제는 과학과 더불어 과학을 위해 있어야 한다

결국 과학의 출발 지점과 과학이 추구하는 적용의 지점에 동시에 철학과 종교의 영역이 공존한다. 출발 지점에는 과학의 기초 재료를 제공하는 존재의 기반으로서의 신, 적용의 지점에는 종교가 의도한 특성이 구체화될 수 있는 환경의 조성, 관계의 윤리 등에 종교적 경지의 깨달음이 필요하다.

물론 이때의 종교는 지금의 익숙해진 정복자의 모습이 아닌 철저히 섬김의 모습으로 낯설게 변모한 종교를 지칭한다.

실존의 정세

하이데거(M. Heidegger)는 "인간의 본성은 그의 실존에 있다"라고 했는데, 그의 '실존'이란 곧 삶의 가능성을 알고 그 가능성에 의하여 행동하는 것을 말한다. 인간의 가능성에는 긍정적인 것과 부정적인 것이 있다. 즉 인간은 적극적으로 '내가 그렇게 될 수 있다'고 말할 수도 있고, 소극적으로 '내가 그렇게 될 수 없다'라고도 말할 수도 있다.

하나의 예로 사랑하는 연인이 약혼을 한다. 물론 결혼을 하기 위해서이다. 그러나 그 연인 앞에 놓여진 가능성은 결혼을 할 수도 있고 못할 수도 있다. 결혼하겠다는 것은 그들의 희망이요 결심이지 필연적 결과로 도래하는 것은 아니기 때문이다.

인간은 누구를 막론하고 사회적, 역사적 존재로서 일정한 사회적인 연관성과 역사적 맥락 속에서 생각하고 움직이며 살았다. 실존은 이렇듯 일정한 사회적, 역사적 상황에 놓여 있는 것이요 실존이 놓여 있는 사회적 역사적 상황이 우리의 삶의 현실에 때로는 나의 의지와 관계없는 행동을 결정하게 한다.

현대의 기술 사회는 훨씬 모순과 부조리(不條理)가 가득찬 위험 사회로서 생의 희망 궤도에서의 이탈을 촉구하는 변수가 시스템 안에 상존해 있다.

현대의 사회나 사상이나 종교나 현대는 모두 커다란 전환기를 맞고 있다. 보수와 진보, 전통과 혁신, 현상을 유지하려는 세력과 타파하려는 세력이 함께 혼돈을 일으키고 있다. 종전의 가치 체계와 행동 기준은 무너졌으나 거기에 대치할 새로운 가치 체계가 확립되지 못했다. 이는 총체적 격량의의 바다 속에 각 개인을 표류시키는 형상이다.

이런 장담할 수 없는 부정적 가능성이 상존하는 삶의 현상 앞에서 퐁

티와 같은 현대의 무신론적 실존주의 철학자들은 인간과 세계에게 주어
진 사실성 이외에는 어떤 다른 출발점도 설정하지 않으며 "경험의 심리
적 기원을 탐구하거나 그것의 인과 관계를 추적하는 데 아무런 관심이
없다"는 입장으로 현상을 그저 파악하는 데에 그치고 있다.

그러나 여기서는 개인이 부딪치는 현상의 끝에서 멈추지 않고 발걸음
을 신의 문제로까지 옮겨 논구하려고 한다. 현상학적 고찰은 우리에게
주어진 경험에 대해 주관적이나 객관적인 판단을 일시 중지시키고 우리
의 의식 내에 주어진 여건을 본질적으로 묘사해 보는 방법이다.

바로 이 현상학적 고찰을 종교경험에 응용한 사람이 루돌프 오토
(Rudolph Otto)로서, 그의 저서인 『성의 개념』(*The Idea of Holy*)에서 그
는 종교 경험의 특수한 성격인 누미노제(numinose, 성스러운 감정) 에
대하여 설명하였다. 거룩함은 곧 우리의 경험 안에 있어서 신의 현재(現
在, presence)를 의미하며 또한 인간이 신과의 만남으로 표현하는 용어
이다.

그러므로 이 거룩함의 경험인 누미노제는 '만남' 의 인간 경험의 성격
을 말하는 것이지 사물의 대상을 말하는 것은 아니다. 이 신과의 경험은
인간의 아무런 경험이든지 인간 경험이라면 다 생기는 일은 아니다. 이
경험은 먼저 종교 경험을 말하고 그 종교 경험 중에서도 특수한 조건이
구비될 때 가능하다. 우리의 경험 내에서 신과 맞부딪치는 조건은 인간
의 모든 능력이 그 극한 상황(極限 狀況)에 도달해 더 이상 나가려고 해
도 나갈 수 없는 처지에 있을 때 오는 것이라 볼 수 있겠다. 다시 말해 신
의 개념이 우리 경험에 나타나는 것은 인간 존재의 극한(The Limit of
Human Existence), 또는 위기 정세(危機情勢)에 다다를 때 온다.

극도의 위기에서 경험하게되는 '누미노제' 의식은 그 누미노제를 경험
한 사람에게 '피조물감' (被造物感)을 갖게 한다. '피조물감' 이라는 것은

한량없이 위대한 것 앞에 자기가 놓여져 있다는 의식 감정이다. 이 의식이 강력해지면서 '신비 체험'을 하게 되며 그것을 경험한 당사자에게는 한량없는 기쁨을 준다.

부조리한 생의 현실을 종교와 연결한 또 한 사람은 야스퍼스로서 그는 인간 존재가 항상 어떤 정세(情勢, situation)에 놓여져 있다는 것을 갈파하였고 이와 같이 어떤 정세에 놓여져 있다는 것을 알 때에 '접경 정세'(接境情勢)에 놓인다고 하였다.

인간의 욕구는 무한정인데 욕구의 대상과 욕구를 충족시키는데 필요한 능력은 한정되어 있다. 알고자 원하나 아는 데에도 한계가 있다. 성공하길 원하나 실패할 때가 많고 원만하기를 원하나 행실을 후회할 때가 있다. 인간 존재의 제한은 인간 욕구의 제한으로 우리의 생(生) 속에는 불만과 낙심이 있다.

이러한 불만족을 잊어버리려는 욕구로 무엇인가에 맹목적으로 빠지기도 하며 이 불만족을 채우거나 승화하고자 할 때 탁월한 권위와의 정서적인 유대 관계를 원하여 신을 찾게 되고 그 신과의 결합을 통하여 이 세계에서 평안을 누린다.

인간이 가진 여러 가지 제한 중에서도 극단석인 제한은 '죽음'이다. 어느 수도원은 인사말을 '메멘트모리'(죽음을 기억하십시오)로 대신한다. 보통 서로의 존재와 안녕을 확인하고 기원하는 풍속과는 달리 언젠가 닥쳐올 존재의 부재(不在)를 미리 각성하며 종교적 성찰의 삶을 추구한다.

즉 인간은 이처럼 어떤 정세에 놓인 존재로서 자기의 자유와 한정(限定) 그리고 합리적으로 설명할 수 없는 자기 자신을 보게 된다. 이런 정황에서 인간은 초월자를 보거나 아니면 부조리(不條理)를 느끼게 된다. 이런 접경 정세의 구체적인 증세를 야스퍼스는 죽음, 고통, 갈등, 죄의식 등에서 보았다. 야스퍼스는 이런 접경정세를 또한 '난파 정세'(難破情勢)라고 부르는데 이는 인간이 실존적 자유의 한계를 알게 될 때에 온다고 보았다. 그러므로 이와 같은 난파 정세를 인지하는 실존은 초월자에게로 나아가는 관문으로 야스퍼스는 본 것이다.

따라서 삶의 현상은 우리에게 불안과 동시에 영원한 것을 만나게 하며 종교의 세계를 지향하게 하는 하나의 발판이 되며 계기가 된다.

그러나 멀리 21세기말 쯤이면 우리의 정체성은 더 이상 하드웨어적인 것에 의존하지 않고 거의 소프트웨어로 바뀔 것으로 예견한다. 즉 오늘날처럼 정신과 육체가 확연히 구분되지 않고 컴퓨터는 우리 몸과 뇌에 깊이 끼어들 것이다. 이때 인간의 영생은 얼마나 자주 그리고 주의 깊게 뇌를 백업해 로드하느냐에 달려 있고 사실상의 죽음이 사라진다.

이때는 생의 단절에서 오는 불안은 사라지더라도 오히려 일상의 지루함과 무의미, 존재의 뿌리, 정신적 경험의 의미 추구 등이 새로운 실존의 정세가 될 것이다.

도리어 자연의 원천이 존재의 근원으로 남은 마지막 미스터리로서 인류를 묶어주는 끈으로 작용할 것이다. 이를 틸리히는 '존재 자체'(being itself) 혹은 '존재의 힘'(the power of being), '궁극적 실재'(ultimate reality) 더 나아가서는 '궁극적 관심'(ultimate concern)이라고 부르고 있다. 여기서 중요한 존재 자체는 그 자체 그대로 우리에게 나타나 보이지 않는다고 하는 사실이다.

인간을 비롯한 모든 만물은 가지이며 그 가지를 산출하고 있는 나무가 곧 본체론에서 말하는 신이라는 것이다. 물론 이러한 견해는 두 가지로 나뉜다. 하나는 가지와 나무를 분리된 존재로 보는 견해와 가지와 나무를 하나로 보는 견해가 있다.

전자의 입장인 야스퍼스는 신을 모든 인간 경험의 수평선을 넘어선 초월자(超越者)라고 보면서 '이 포괄자(包括者)인 초월자는 항상 그의 현존을 알리고 있으나 그 자체로서는 나타나지 않는다. 그러나 모든 것은 이로부터 우리에게 오는 것이다' 라고 했다.

서양 철학에서 초월자를 언급하는 이유는 서양 철학이 근본적으로 유(有)의 사상으로 시작하였기 때문이다.

그러나 후자의 입장인 무(無)의 사상을 중심으로 한 동양 철학에서는 이 초월자를 공(空)혹은 무(無)라고 보고 있으며 유의 근저에는 무가 있다는 것을 강조하였다.

불교의 중심 요소 중 하나는 공(空)의 철학으로서 실재의 진정한 본질은 언어와 선형적 분석 영역의 너머에 있는 것이다. 그 예로서 나무에 대해 생각할 때 그것을 다른 것과 구별된 내상으로 생각할 수 있으나 나른 차원에서 나무는 관계의 그물망 속으로 녹아들어 간다. 나무를 흔드는 바람과 가지에 떨어지는 빗방울, 뿌리를 품고 있는 땅 등 우주의 모든 것이 나무를 나무 되게 만들고 있다는 것이다.

동양 사상으로 근접해 오고 있는 현대 서구의 철학은 그리핀을 중심으로 경험이 인간의 인식 작용에서 더욱 중요하다는 것을 주장하기 위해 '범경험주의' (pan experientialism)를 내세운다. 예로서 모든 존재는 강아지이든지 세포이든지 혹은 분자들이든 모두 경험을 하게 되어 있다는 것이다.

범경험론은 단지 영혼과 같은 사건, 육체와 같은 사건으로 이루어져 있다고 봄으로서 근대 철학의 이원론을 극복한다. 따라서 모든 것은 경험 사건으로서, 그것이 정신이든 물질이든 모든 것은 나름대로 경험을 하게 되어 있다.

과정 사상에서도 뇌세포를 하나의 사건 혹은 현실 존재자(actual entity)로 본다. 한마디로 뇌라는 사건은 정신이기도 하고 물질이기도 하다는 말이다. 따라서 세포는 비록 미약하고 조잡하더라도 영혼이라고 불릴 수 있는 입장도 지닌다. 원숭이나 악어, 아메바 등도 모두 나름의 정신을 소유하고 있는 존재들이고 또한 타자에게 자신의 경험을 행사하는 것들이다.

모든 개체들이 그 자신 안에 나름대로의 경험을 가지고 있다면 그들이 그 자신만의 가치와 중요성을 소유하고 있는 것이다. 따라서 여기서 상대주의는 극복이 된다. 즉 해체주의나 수정적 탈근대주의나 모두 하나의 사건이나 존재자가 단지 그것의 관계에 불과하다는 것을 강조하지만 수정적 모델은 거기에 덧붙여 하나의 사건은 관계에 대한 응답을 포함한다는 것을 강조한다. 모든 존재는 나름대로 자생적인 면이 있다. 그러기에 모든 존재자는 무조건 다자(the Many) 속에 파묻히는 것이 아니며 나름대로의 주체성과 독자성을 가지고 있다. 여기에 수정적 다원주의가 모든 종교의 중요성을 그대로 인정하면서도 개 종교의 중심을 상실하지 않으면서도 다원주의를 표방할 수 있는 것이다.

마르셀은 '존재론적 요청'에 관해 언급하면서 인간으로서 온전한 자기 자신이기 위해서는 우리는 자기가 존재 전체에 참여한다는 의식을 가지고 있어야 함을 밝히면서 존재의 신비는 현대 사회를 지배하는 과학과 기술의 한계를 훨씬 뛰어 넘어 '신비'로서 존재하며 그 존재에 대한 탐구는 그러한 관여를 통해 존재하는 우리 존재의 의미와 정체성을 탐구하는 과정으로 본다. 즉 존재 자체는 우리 인간 주관에 대한 일정한 대상으로 나타나지 않으나 인간을 포함한 모든 존재의 근원이 되는 것이다.

환언하면 이 세상에 있는 모든 것은 존재의 힘을 입어 비로소 존재의 자격을 가질 수 있는 것이기에 만약 존재 자체가 없다면 어떠한 존재자도 있을 수 없다는 것이다. 이렇게 본다면 내가 존재한다고 하는 것은 이미 존재 자체의 직능(職能)을 말하는 것으로 신의 존재 여부를 논한다는 것은 무의미한 것이 되고 만다.

여기에서 신의 문제는 세계의 법칙성과 완전성, 참과 선의 궁극적 근거와 인간 실존의의 의미 부여 문제가 된다. 왜냐하면 신이 존재하지 않는 다면 세상이 존재하지 않을 수 있으며 모든 것이 궁극적으로 무의미에 맞닥뜨려 자기 실현의 무상함만을 경험할 것이기 때문이다.

따라서 신율(神律)은 타율(他律)로 이해될 것이 아니라 그보다는 근원, 약속 그리고 결코 인간의 임의성을 타락시켜서는 안 될 인간적 자율의 한계로 이해되어야 할 것이다.

본래 자리 찾기

거미줄처럼 얽혀있는 네트워크와 함께 사는 21세기의 사람들에 화두는 '자기 정체성 찾기'이다. 이 자기 찾기가 모든 분야에 필요하다. 진정한 세계화는 자기만의 고유한 브랜드로부터 시작되기 때문이다.

한국의 모든 종교는 전래되어온 샤머니즘과 혼합되면서 그 특색을 많이 상실했다. 거기에 한국이 갖는 지정학적 위치인 반도에 사는 사람들로서 갖는 특유의 중심에 있고자 하는 열망, 동양의 소수 민족이면서 서양인에 비해 작은 체구에서 오는 대형화 열망 등이 복합적으로 작용하여 종교의 모습이 비슷비슷해졌다.

고도의 윤리성과 역사성이 있다 하여 윤리성이 결여된 극히 구복적인 샤머니즘과 구별하여 고등 종교라고 불리는 종교도 한국에서는 하등 종교나 별 차이가 보이지 않는다. 즉 강론에서 행해지는 접두어 중 신에 관한 명칭 정도만 다를 뿐 지향하는 방향이나 구성원들의 신앙 목적이 대동소이하다. 무늬만 다를 뿐 그 열망하는 내용물은 비슷하다.

이제는 정말 자기 자리 찾기가 필요하다. 그럴 때 다양한 종교의 고유

가치들이 모자이크되어 우리의 삶을 밝혀준다.

먼저 굳이 불자가 아니라도 이 땅의 모든 백성의 무의식 속에 깊이 자리잡고 있는 불교가 그 정체성을 회복해야 한다. 불교는 신을 내세우지 않고 해탈을 추구한다. 부처의 근본적인 가르침은 사제(四諦)인데 고(苦)·집(集)·멸(滅)·도(道)의 네 개념이다.

인생은 고뇌로 가득차 있다. 그것은 집착 등 인간의 욕망이 모였기 때문이며 그 욕망을 멸할 때 니르바나(涅槃) 곧 도의 경지에 다다른다.

수많은 인간들은 두 가지 형태의 여정을 따라간다. 하나는 '하강적' 삶으로서 자신의 삶 속에 더욱 많은 욕망과 애증과 집착을 축적하는 것이고 또 다른 사람들은 '상승적' 삶으로서 집착을 조금씩 덜어 가는 사람들이다.

여기서 '카르마'(운명, 업보)가 적용되는데 어떤 신적인 존재가 심판한다는 뜻이 아니고 인간 스스로 욕망의 고유한 논리에 따라 천박한 욕심 많고 고통받는 존재로 환생하든지, 욕망과 고통을 줄여가며 점점 더 고귀하고 순수한 존재로 환생한다. 그래서 석가는 제자들이 돈을 소유하는 것을 금했다.

기독교는 신을 내세우며 신에 대한 믿음이 해탈의 시작이라 한다. 태초에 인간은 하나님의 다스림을 거절하고 선악과를 따먹음으로 타락한 존재가 되었고 이런 인류를 구원하기 위해 신이 성육신하여 십자가의 죽음을 죽었다. 그 신을 믿음으로써 천국의 약속이 주어지며 이때부터 신이 창조한 현상을 따라 하나님을 사랑하고 이웃을 사랑하는 이타적 삶을 살게 된다. 천국이 약속되어 있으므로 현생의 삶은 천국을 준비하는 삶으로, 왼손이 하는 일을 오른손이 모를 정도의 겸허함으로 자기의 모든 것을 나누는 삶을 산다. 예수는 제자들에게 "모든 소유를 버리고 따르라"고 하였다.

이것이 한국의 2대종교인 불교와 기독교의 원 모습이다. 얼마나 가치로운가? 국민의 대다수를 차지며 가계 각층에 골고루 퍼져있는 교단들과 종교인들이 위의 가르침대로만 따라간다면 우리사회는 지금보다는 훨씬 더 밝았을 것이다.

지난 1000년 동안 인간이 발명한 최고의 작품을 선정할 때면 '성경'과 '불경'이 상당한 추천을 얻는다. 실은 이 두 경전은 2000년 전 형성된 것들이지만 현대인들이 착오를 일으킬 만큼 우리 생활에 워낙 밀접한 관계를 맺고 있다.

인과적 추론의 첨단을 넓혀 가는 과학의 대칭점에 서서 종교는 인간의 '증오'와 '악의', 실존의 불안 등을 해소해 주며 존재의 의미를 보여줄 필요로 존새한다.

한국에는 세계 최대의 종교 과소비 국가로 분류될 만큼 많은 종교가 있다. 우리 나라 사람들이 종교 생활을 위하여 지불하는 돈과 시간을 환산하면 엄청날 것이다. 아마 국방부 예산보다도 많다는 통계를 본 적이 있다.

가끔 국민들을 의아하게 하는 신흥 종교의 비인도적 행위, 기성 종교들의 일탈 행동 등은 '종교무용론'을 공공연하게 얘기하도록 만든다.

유럽과 독일 교회가 쇠퇴한 전례를 한국도 밟지 않을까 걱정이 된다. 여러 종교개혁자들을 비롯한 신학자를 많이 배출했던 독일교회가 쇠퇴한 것은 무엇보다 교회의 실상을 국민이 알게 되었기 때문이다. 교회는 구제를 가르치고 검소함과 청빈을 가르치며 무욕과 겸손함을 가르치면서도 정작 교회가 엄청난 부와 명예와 권세를 가졌다는 것을 독일 국민들이 알면서부터 제도 교회가 비어 갔다. 종교가 그 사회의 역기능으로 작용할 때 사회는 그 종교를 멀리하게 된다.

세계 최고의 종교심을 과시하면서도 현대 사회의 시스템을 그대로 받

아들여 교세 확장에만 열을 올리는 것이 곧 종교정신 구현의 지름길이
요, 종교 교단의 간부가 되는 길이 성공한 성직자라 생각하기에 같은 교
단 안에서도 경쟁하며 질시의 눈길을 보내고 있다.

　이런 관점에서 본다면 예수나 부처는 완전히 실패한 분들이다. 그분들
은 세속의 부와 명예를 애써서 버리고 사람들이 찾지 않는 좁은 길만을
찾아가셨던 분들이기에….

　이제 제자리로 돌아갈 때이다. 기독교는 예수의 이타적인 사랑을 보여
주며, 불교는 부처의 자기 비움을 보여줄 때이다. 승려들은 고타마 싯다
르타(Gotama Siddartha)가 화려한 궁궐을 벗어나 온갖 집착과 고뇌가 풀
려 부처(Budda, 佛陀)가 된 숲 속의 보리수 아래로 가라. 성직자들, 신부
나 목사들은 예수가 하늘의 보좌를 버리고 천하게 탄생했던 베들레헴의
마굿간으로 돌아가라.

　그곳에서만 그 모습을 보여줄 때만 종교의 존재 이유에 대해 수긍할
것이다. 사실 우리는 한나라의 왕자도 하늘의 왕자도 아닌데 못돌아 갈
이유가 없지 않은가.

안목의 개방

　칸트에 의하면 인식의 주관은 경험적으로 주어지는 표상들을 받아들
여 '선천적(a priori)' 인 오성(悟性)―분별력, 이해력―개념들을 통하여
경험 인식에까지 이르게 된다. 오성은 범주(Kategorie)―양(量), 질(質),
관계(關係), 형태(形態)―라는 형식에 의거한다.

　감성이 외부의 자극을 수동적으로 받아들이는데 반하여 오성은 주어
진 대상을 능동적으로 생각하는 기능으로서 잡다한 외부의 소재를 범주
를 통하여 종합하고 통일한다. 여기에 칸트가 자기의 철학을 코페르니쿠

스적 전환이라고 자부하는 까닭이 있다.

우리가 알고 있는 자연 현상이라는 것은 '물(物)' 자체라기보다는 우리의 주관 형식이 가하여져 구성(構成, Konstituieren)하는 것이다.

즉 칸트는 자연에 끌려다니며 회의주의에 빠지기 쉬운 경험론과 개념의 분석이나 이성의 자기 성찰에만 그치는 합리론에서 벗어나 '사고 방식의 혁명' 을 내세운다. 그러면서도 우리 인식의 주관은 그의 환경에서 주어지는 표상에서 벗어날 수 없음을 가르쳐 준다.

이때 주관 없이 주어진 외적 대상대로만 파악하려는 대상 중심(對象中心)에서 주관의 원리에 따라 대상을 파악하려는 주관 중심(主觀中心)으로 전환을 시도할 때 자각이 일어나며 '사고 방식의 혁명' 이 일어난다. 그러나 주관에만 의지헤 인식을 구성히려고 히면 조회로운 중합적인 안목을 갖기 어렵다.

칸트는 모든 분석적인 판단들은 선천적인 것으로 보았고 모든 후천적인 판단은 종합적인 것으로 보아 선천적 종합 판단을 새로운 인식으로 표현한다.

이처럼 인식론은 일단 개인에게서도 극단적으로 분석되었다가 다시 대립들을 종합하려는 경향으로 돌아가는 것처럼 서양 문화나 역사 종교도 이 인식 도식으로 흐르고 있다.

그 하나는 종합을 소외시키는 길이고 다른 하나는 회복시키는 길이다. 소외시키는 길은 타락과 죄악의 길일 수 있고 분석과 탐구의 길일 수도 있다. 역사와 문명의 발달이 타락의 역사에 속한다는 창세기 4장 이하의 통찰은 우연한 것이 아니며, 그것은 곧 역사의 시작과 학문의 시작을 의미한다.

이러한 소외 동기가 없다면 서양 문화는 그 역동성과 생명력을 상실했을 것이다. 다음의 길은 회복시키는 길로서 네 가지의 논리적—아리스토텔레스의 연역법, 베이컨의 귀납법, 헤겔의 변증법, 키에르케고르의 변증법—결합의 가능성을 포괄하고 있다. 신학은 이 네 가지 방법을 차례로 적용해 왔다. 고대 교회에서 종교개혁에 이르기까지는 주로 연역법에 의존했고 경건주의 이래 변형된 귀납법인 낭만주의를 신학적으로 수용했다. 신학의 근세사는 독일 관념론의 영향을 받아 변증법을 즐겨 사용했고, 키에르케고르 이후에는 변증법이 신학적 진술과 사상에 자주 나타난다.

분석 없는 종합은 혼돈스럽고 종합을 전제하지 않는 분석은 무의미하다. 과학은 분석 종합적으로 사고한다. 마찬가지로 예술과 종교도 분석 종합적 사고를 따르고 있다. 음악, 미술 및 문학 등에도 갈등의 동기가 선행하고 그 갈등이 다시 해소된다는 식의 다이내믹(dynamic)은 예술의 근본 형식처럼 되어 있다.

20세기 예술은 질주의 충동에 지배받았다. 그 경쟁 상대는 기술로서 기술이 빠르게 변하면 변할수록 그보다 더 빠르게 변하기 위해 질주하며 판타지, 해체, 추상성 등의 방법으로 놀라운 충격을 고안해 냈다. 그러나 질주는 반드시 이완을 불러온다. 초현실주의가 20세기 질주의 예술을 대표한다면 키치, 포스트모더니즘 등은 그 질주를 이완시키는 예술을 대표한다. 이것이 더 철저하게 나타나는 분야가 철학과 종교이다. 성경에는 원래의 연합으로부터 분리되는 갈등인 타락이 발생하고 다시 재연합하는 구속(救贖)이 일어난다.

근대에 들어서 종교들이 경전의 텍스트를 전체적으로 파악하면서 중심을 논하기보다는 여러 주제를 설정하여 탐구하는 식이었다. 그 주제에 맞는 각 종교 내의 교파가 서로 수없이 분리되어 갔다.

그러자 각론의 설명들이 더욱 미분화되면서 다른 테마와 어떤 관련이 있는지를 찾기가 어려워졌다. 이미 존재하고 있던 토착 문화와 종교는 물론 새로 발견되는 사회 과학이나 정신 과학, 자연 과학 등에 대해서 외래 종교들은 그 우월성을 견지하며 고고한 침묵을 지킬 수밖에 없었다.

그러나 이미 우리의 역사 속에서도 외래 종교가 토착 심성과 통합하면서 그 성장의 디딤돌을 마련한 예도 있다. 1915년부터 1950년경까지 계속된 강화도의 마니산 부흥회가 그것이다. 요즘의 시각으로 보면 완전히 혼합 종교 형태로서 배척받겠지만 당시는 정기적인 집회로 정착하여 강화도내의 여러 교회들이 자연스럽게 참여하였고 마지막 날에는 남녀를 불문하고 돌 하나씩을 가지고 마니산에 올라가 참성단을 보수하면서 집회를 가졌다. 이 모임을 두고 전택부는 "감리교의 마니산 부흥회는 단군의 건국 정신 즉 '하느님 숭배' 와 '홍익 인간 정신' 을 존중하는 동시에, 조상 때부터 하늘에 제사 드리던 첨성단을 보수 재건하는 것을 도리어 기독교의 마땅한 의무로 확신했던 것이다. 단군 신앙과 기독교 신앙의 공존지대로써 마니산 부흥회를 제일 먼저 꼽아야 할 것이다"라고 흥미 있는 지적을 하였다.

지금은 통합의 시기이며 이완의 시기이다. 이미 현대 정신은 종교를 절대적인 자리에서 상대적인 자리로 옮겨 놓았다. 그것은 결국 세계의 발전과는 부관하게 각 송파가 비분화 작업에만 몰두했기 때문이다.

마치 막 벌채가 시작된 원시림 숲에 들어가서 나뭇가지 하나 하나에 몰두하다 보면 그 숲의 전체 모양이나 그 숲의 운명에 대해서 모르는 것과 마찬가지이다.

이제는 종교의 관점이 미시적 관점에서 벗어나 거시적(巨視的) 관점으로 옮길 때이다. '거시' 라는 말이 의미하듯 '전체적인 조망 속에서 부분을 보는' 것이 중요하다.

경전과 해석

해석학(Hermeneutics)이란 본래 신(神)의 명령이나 결정 사항을 인간들에게 전달해 주는 임무를 맡았던 헤르메스(Hermes)라는 사자의 이름에서 연유되었다. 이는 시간·공간적으로 멀리 떨어져 있거나 서로 다른 상황에서 쓰여진 문헌을 저자의 의도를 파악하여 명료하게 하려는 데에서 시작되었다.

원래 해석학의 발생은 종교적 관심 때문이었다. 헬레니즘시대에 시인의 어려운 표현을 쉽게 이해하기 위해 발전했던 해석술은 유태교, 기독교, 이슬람교 신학자들에 의해 성경와 그 밖의 경전들을 알레고리컬(allegorical,풍유(諷諭))하게 해석하는 방법으로 사용되어 왔는데 이러한 해석 기술은 인문주의와 종교개혁이 발생한 이후 더욱 심화되어 성경를 가톨릭적인 권위나 전통에 의해서 무조건 해석하지 않게 되었으며 경전을 경전 자체에서 설명하는 방향으로 발전하였다.

근래 해석학의 철학적 태동은 인식론적 문제 때문에 발생했다. 근대의 철학계는 인식론적으로 항상 객관주의 혹은 과학주의에 의해 일방적으로 지배되어 왔다고 하여도 과언이 아니다. 객관주의와 과학주의의 맹점은 자신의 권위에 대해서 갖고 있었던 착각에 근거한다.

즉, 계몽주의적 이성은 자신마저 다른 사물들과 마찬가지로 시간과 문화의 제약 속에 있다는 것을 미처 깨닫지 못한 채 모든 사물을 심판하려는 태도를 견지했다. 이러한 계몽주의의 태도는 인간으로 하여금 미신과 우상에서 벗어나서 자신의 역사를 스스로 개척해 나가는 공헌을 했다.

그러나 근대가 끝나가면서 계몽주의가 그토록 믿었던 이성의 영원한 가치와 그것에 근거한 객관주의와 과학주의는 자신마저도 시간과 문화의 제약을 벗어날 수 없는 유한자라는 것을 깨닫지 않을 수 없게 되었다.

철학적으로는 칸트에서 시작하여 인간의 이성이란 유한한 것이며 이성
은 진리를 파악하기보다는 오히려 왜곡하는 경향이 강하다는 사실이 속
속 밝혀지기 시작했다.

과학적으로는 진화론과 양자역학, 상대성 이론 등이 발전하면서 인류
가 영원히 의지할 수 있는 학문적 기반이란 존재하지 않으며 모든 것은
우연적이고 상대적인 사건에 의해 지배된다는 생각마저 유행되기 시작
했다.

해석학에 본격적인 철학적 발전을 가져온 사람은 현대 해석학의 효시
라고 일컬어지는 딜타이(W. Dilthey, 1833~1911)이다. 그의 저서 『정신
과학 입문』에 따르면, 인간은 이성을 비롯한 의미, 가치, 목적 등과 같은
주관적 측면을 인위적으로 떨쳐버린 순수한 객체가 결코 될 수 없다. 이
때 정신과학의 대상은 추상적이고 객관적인 현실이 아니라, 인간의 내적
체험과 연결된 직접적 내면 현실, 다시 말해 정신 생활이다.

딜타이의 이런 주장은 인간이 인식론적으로 어떻게 사물을 이해해 가
는가에 질문함으로써 본격적으로 이해 방식의 문제를 탐구하게 만들었
다.

딜타이는 자연이란 물리적 세계이기 때문에 설명이 가능하나 인간과
인간의 역사는 심리적 세계이기에 단지 이해만이 가능하다고 했다. 이와
같은 '이해'가 바로 객관적인 해석을 보장하는 해석학적 순환
(hermenutical circle, 삶의 전체성을 놓고 개별적 삶의 표현인 본문(text)
을 다른 쪽에 놓아 연계시켜 개체적 본문의 의미를 획득)이 필요하다.

이렇게 인간이 이성을 사용해 가는 과정이 단순하지 않기 때문에 딜타
이는 인식론적 관점에서 해석학을 시작하였으나 하이데거(M.
Heidegger, 1889~1976)가 등장하면서 해석학을 더욱 심도 있게 존재론
적 관점에서 논의된다.

하이데거는 이해의 문제를 존재의 문제와 관련시켜서 생각했는데 그는 삼라만상에 존재하는 모든 존재자들이 어떻게 존재하는가 라는 질문보다는 오히려 그러한 존재들에 대해 이해하는 방식에 대한 질문을 하는 것이 더욱 중요하다고 봄으로서 해석학이 철학에 있어서 중심 문제라는 것을 암시하기 시작했다.

하이데거의 대작 『존재와 시간』(*Sein und Zeit*)에 따르면 인간은 그저 존재하는 것이 아니라 '거기'(Da)에 존재한다. 현 존재인 인간은 과거와 미래로부터 구별된 인간이 아니고 과거를 '간직' 하고 미래를 '기대' 하며 살아가는 존재이다.

그러므로 하이데거에 의하면 모든 해석 활동은 결코 해석 주체의 텅빈 마음 상태에서 일어나는 것이 아니다. 해석은 반드시 해석자의 의도와 태도에 의해서 구성된다.

존재자로서의 인간이 '거기' 를 떠나서 존재할 수 없다는 사실 그 '거기' 가 아주 다양한 상황을 말하는 것이기 때문에 이 '거기' 속에 있는 인간 존재의 실존성은 그때 그때 새로운 상황 속에서 이해되어야 한다는 것이다. 즉 존재의 문제는 상황에 대한, 그리고 그러한 상황으로부터의 이해의 문제요 해석의 문제라는 것이다.

이러한 해석 활동은 가다머(Gadamer)에 들어와서 철저화되었다. 가다머는 이제는 고전이 된 그의 저서 『진리와 방법』(*Wahrheit und Methode*)에서 우선 계몽주의가 의존해 온 객관적 인간 이성에 대한 맹신을 비판하면서 흔히 객관 이성의 적이라고 간주되어 온 권위나 선입견 혹은 편견 등의 철학적 가치를 변호했다.

가다머는 세계—내(內)—존재라는 개념을 하이데거로부터 가져와 그의 해석학에 원용한다. 특히 하이데거의 선(先) 이해의 개념이 가다머에게 있어서는 선 기획(Vorentwurf)이라는 용어로 바뀐다. 선 기획이란 이해하려는 텍스트를 접하여 첫 의미가 잡히면 그 첫 의미를 텍스트 전체에 투사하여 의미를 형성하는 일이다. 이러한 선 기획을 하는 이유는 기대에 사로잡혀 어떤 의미를 파악하려고 하기 때문이다.

이처럼 가다머에게 있어서 해석자의 어떤 기대, 다시 말해 선입견이 해석 활동의 중요한 시발점이자 해석을 가능하게 하는 조건이다. 이런 이유에서 가다머는 선입견을 잘못된 판단이라는 이유로 극복해야 할 대상으로 규정짓는 계몽주의를 비판한다.

외딴섬에 흘러 들어가 사는 로빈슨 크루소 같은 인간이라도 사실 홀로 살아가는 것이 아니라 인간인 이상 그는 세계 속에 던져져서 살아가고 있는 것이다. 이렇게 인간이 세계와 더불어 자신의 존재를 형성하지 않을 수 없다는 생각은 인간의 인식 또한 인간 자신을 둘러싸고 있는 세계를 동반해야 가능하다는 말이 된다. 아니 오히려 그가 존재하는 순간 이 세계가 그에게 동반된다고도 말할 수 있다.

이러한 세계를 지평이라고 명명한다면, 우리 인간은 어떤 해석을 내릴 때마다 순수 객관적인 해석을 내릴 수가 없고 항상 자신의 지평으로부터 그것과 더불어 해석할 수밖에 없다. 인간은 따라서 어떠한 전제 없이는 인식힐 수도 없고 이해할 수도 없게 되어 있다.

이런 전제를 '선판단' 혹은 '선입견'(Prejudice)라고 하며, 이성은 그토록 보편적인 것이 아니며 언제나 역사라고 하는 장을 통하지 않고는 그 어느 것도 인식할 수 없다. 선입견도 하나의 역사적 실제이며 그 또한 하나의 사실이기에 선입견의 가치는 재평가되어야 한다는 것이다. 따라서 해석자는 정당한 선입견(legitimate prejudice)을 구별해 내는 과거와 현재의 대화적―변증법(dialogical-dialectical)과정을 통해 '현재의 이해 지평'을 '과거의 이해 지평'에 연결시키는 '지평 융합'(fusion of horisons)적 해석을 얻을 수 있다.

이제까지 살펴본 가다머의 해석 이론에 따르면 인간은 나름대로의 하나의 지평인데, 여기서 중요한 것은 인간이 지평을 소유하고 있다고 말하기보다는 그 인간이 터잡고 있는 지평이 그를 인간으로서 구성한다고 말해야 더 옳다. 그것은 인간이 터잡고 있는 지평이 인간의 외부 환경이라기보다는 내면적인 존재의 터이기 때문이다.

이러한 해석학의 이론은 한국의 종교인들의 태도를 보아도 적용이 된다. 샤머니즘의 심성에 5세기경 불교가 들어왔을 때 경내에 산신(山神)에게 소원을 비는 칠성각이 생겼고 조선초 유교를 국교로 했지만 형세의 질서와 사회 규범을 가르치는 교훈적 기능보다도 조상에게 제사하는 제사 종교로서의 모습을 갖게 되었다.

이처럼 샤머니즘적인 한국인이 기독교를 받아 들였을 때 서구인의 기독교적 모습과는 거리가 있는 율법적, 권위주의적이며 기복주의적인 특색을 띠지 않을 수 없었던 것이다. 한국인에게 있어서 어떤 외래 종교가 들어와도 한국인의 종교 의식은 그 방향과 범위가 무교적 틀을 벗어나지 않는다.

무교가 종교적 틀을 제공했다면 유교는 종교의 질서 내지는 수용의 여건을 만들었으며 그것은 행위와 신앙의 분리를 가져온 주요한 요소이다.

유교적 의례와 수직적 규범은 특히 민중들에게 그대로 살지 못하는 많은 수치심을 갖게 했고 그 수치심은 믿기만 하면 다 없애준다는 기독교의 용서의 복음을 폭발적으로 받아들이는 토양이 되었다. 새로이 입교한 사람들의 신앙 유지에는 무교의 치성적 열정의 기도, 관계 윤리는 무시되고 개인의 입신 양명의 소원 성취를 위한 종교적 헌신 등이 그 틀로 자리잡았다.

그러므로 인간의 진, 선, 미나 종교 등을 적용할 때는 먼저 자기의 역사적인 자리를 해석하는 일이 필요하며 어떤 명제나 종교적 경전 등을 해석의 대상(객체)으로만 취급하지 말고 먼저 대화(관계)의 상대로 보면서 지평융합을 시도하는 존재론적 경험, 곧 지식의 해석이 필요하다.

여기서 해석의 진정한 과제는 재구성이 아닌 통합(Integration)인데 이 통합은 곧 적용의 의미를 일깨워 준다. 통합적 적용은 추후적인 유용한 응용이 아니라 '항상 일어나는 것', 즉 '있는 것'에 대한 반성 속에서 다시 이해를 재구성하는 계기로 수행되는 것이다.

2. 중심의 개방

최소공약수

인간과 동물은 물론이고 생명, 비생명의 경계마저 허물어질 조짐이 보이고 있지만 과학이 넘을 수 없고 혼자 해결할 수 없는 영역이 있고, 인간이 거대한 자연을 무한히 조작할 힘을 가진 것처럼 보이지만 일상의 작은 부분에서도 무기력함을 보이는 생의 현상이 있으며, 모든 형이상학을 해체한 것처럼 보이는 수정 근대주의에서조차도 범경험주의를 통해 긍정하는 종교의 가능성을 새로운 시대의 지반(地盤)으로 삼고 있음을 앞에서 충분히 살펴보았다. 이제는 그 기반 위에 삶의 새로운 중심을 세우고자 한다.

이미 각 문화권마다 정도의 차이는 있었지만 공동으로 인정하는 보편 타당하다고 생각하는 윤리가 있어 왔다. 그러나 이 보편 타당하다고 여겨져 온 '하나의 가치'가 무력해져서 이제 다시 모두가 공감할 공유가치를 모색할 때가 되었다.

전통적으로 가치를 이야기할 때에는 무엇이 참으로 좋으냐에 관한 문제로서 '무엇이 올바르냐'에 관련된 윤리학과 '무엇이 아름다우냐'에 관한 미학으로 나뉜다. 윤리적 사고의 방법으로서 종교적 윤리나 이미 존재하는 도덕 규범을 비평하면서 철학적 도덕 체계를 세우는 규범 윤리학과 규범 윤리적 작업에서 문제시되는 도덕 언어를 명확하게 하는 것을 주된 관심으로 삼는 분석 윤리학이 있다.

이것은 덕성교육에 관심을 가져온 전통적 접근 방법들인데 비해 최근의 제3의 윤리학은 윤리적 사고 능력의 개선에 관심을 두고 있다.

새로운 중심 세우기의 작업은 제3의 윤리학적 관점에서 전개하고자 한다. 가치론 중 윤리학은 정·오·선·악(right, wrong, good, bad)의 문제를 취급하며, 미학은 애·미·락·추(lovely, wrong, enjoyable, ugly)의 문제를 다루려는 경향이 있다.

수직 윤리와 사지선답 형식 선택에 익숙한 우리는 인생의 모든 문제들을 정오(正誤)의 시각에서만 바라본다. 여기에 유교의 일부 가르침과 문화, 전통의 종교, 철학 등이 인간의 육체나 본성을 도덕적이고 사회적인 규율로 억누르면서 늘 심판관의 역할을 해왔다.

이런 사회는 철저히 모든 것이 둘로 나뉜다. 적과 동지, 지배와 억압, 선과 악, 사랑과 미움, 주류와 비주류, 정신과 육체, 천사와 사탄, 성숙과 미숙, 성실과 유희 등의 흑백 논리만 난무하며 상대의 흠을 잡아 나의 정낭성을 내세워야 하기에 타인의 잘못에 엄청난 관심을 기울인다.

우리 사회의 끝날 줄 모르는 연고주의, 극도의 이기주의, 감정적 선동 앞에 나약한 이성, 공동체의 내일은 안중에도 없는 당파적 행태 등이 우리가 갖고 있는 지독한 '맞다' 아니면 '틀리다' 로만 정답을 찾으려는 사고구조 때문이다.

수없는 인연과 사연들이 씨줄과 날줄처럼 얽혀 펼쳐지는 삶을 마치 시험지의 답안지 괄호 안에 O, X를 표시하듯 할 수 있을까? 또 그만큼 자신 있게 판결을 내릴 사람이 있기는 하는가?

이제는 윤리학적 사고에서 미학적 사고로의 전환이 시급히 요청된다.

"무엇이 나에게, 너에게, 그에게, 우리에게 아름다우냐"라는 미학의 관점으로 철학과 윤리, 종교적 가르침과 규범, 법률을 재정비하여 인류 구성원들의 중심을 다시 세울 때이다.

그렇게 함으로써 흑백 논리만 성행하여 모든 행동을 보여지는 결과로 판결해 선인과 악인의 양극단으로 줄 세우기 하는 사회에서, 행동의 이면에 있는 동기와 행동의 역학(力學) 관계를 고려하며 선과 악의 비율에 따라 사고를하는 사회로 바뀌게 된다.

한 인간의 행동에는 언제나 세 가지의 연속성 속에서 나타난다. 첫째는 시간의 연속성으로서 과거의 경험과 미래의 전망이며, 두번째는 규범의 연속성으로서 사회의 기대치에 대한 희망과 절망이며, 세번째는 공간의 연속성으로서 그의 삶의 자리, 즉 직업과 위치이다.

인간 행동의 연쇄성을 인정하여 선악의 이분법 대신 비율적 사고로 늘 행복의 가능성을 찾는 사회는 우리를 더 이상 양편으로 나누지 않는다. 어떤 사람을 과도히 칭찬하여 이해되지 않는 권위를 주거나, 어떤 이를 과도히 매도하여 회생의 기회를 막는 일을 하지 않는다.

이 일은 이 시대의 선비라고 불리우는 계층, 주류에 속해 있으면서 지도자라 불림 받기를 좋아했던 사람들이 먼저 '편가르기'의 가치관 때문에 절망을 주었던 과거와 지금도 깊은 아픔을 안고 있는 민중들 앞에 참회하며 모두를 아우를 수 있는 중심 세우기를 할 때 가능하다.

21세기에는 어떤 모양으로든 '탈현대정신'의 영향을 받게 된다. 현대의 가장 밑바탕을 이루는 정신은 인간의 주체성이지만 우리 나라는 아직 사상의 근대화를 채 경험하지도 못한 채 후기 현대에 들어섰다.

따라서 한국 사회는 근대의 '탈권위화' 그리고 종교는 한편으로는 근대의 '탈신권화'를, 또 한편으로는 사람의 주체성에 도전하는 바람도 함께 맞이하게 되었다. 개인의 권위와 신율(神律)이 없어진 자리를 이성이 대신했으나 이성마저 소외되는 시대에 선과 악의 도덕 기준은 어떻게 새워야 하는지가 심각한 문제로 떠오른다.

이미 현대인의 마음에 죄의식이란 큰 의미가 없다. 현실이란 단순히 일시적인 사건들의 흐름에 불과하다고 보며 죄는 법률의 위반 그 이상도 아니다. 사회의 규범과 상식이 잘못이라고 규정했다 해도 법의 테두리 안에 있으면 정당하고 당당하게 생각한다. 혹 법적 책임을 지게되어 지탄을 받더라도 독특한 자신의 입장에 귀책 사유를 돌리든지 운명의 얄궂은 장난쯤으로 생각한다.

이처럼 인간의 마음은 모든 사건들을 그 사건 너머의 원인과 결과라는 도식으로 연결시키면서 개인의 입장을 우선시 하기 때문에 여기서 모든 일차적인 가치의 목적과 근거로서 무조건적인 선을 재정립할 필요성이 생긴다.

그래서 니체는 진리라고 여겨져 온 가치들을 평가할 때 차별적인 기원(differential origin)과 그 가치들이 창조하는 생활 방식을 규명함으로써 시작해야 한다고 본다. 그는 가치의 기원으로 군주 도덕과 노예 도덕을 들고 있으며, 군주 도덕은 '자신을 귀한 존재' 로 간주하고 노예는 '비천한 존재이며 악하다' 고 말한다. 언제나 힘이 넘치기에 스스로 가치의 창조자, 결정자라는 생각을 가진다. 반면 노예도덕은 주인에 대한 부정적인 평가를 함으로서 스스로를 선하다고 대립시키면서 본질적으로 약하고 무력한 자에게 은혜가 되는 것이면 무엇이든 선하다고 본다.

또한 니이버는 현대 문명 사회에서의 악에 대한 침묵과 혼동은 이성과 선을 무조건 동일화시키면서 유발되었다고 본다. 이미 보편 이성의 존재에 대한 믿음이 희박해지면서 이성의 개별화에 따른 각자의 가치가 서로 상충되며 가치의 아노미 현상이 벌어진다. 따라서 우리의 이성이 모든 것을 판단할 주체가 될 만큼 성숙한가를 다시 질문해야 한다.

이성을 반성적 판단력이라고 일단 규정하고 어떤 동기(motivation)가 판단에 크게 영향을 주는가를 분석해 보자. 이성의 판단에 작용하는 동기는 감각적 동기, 도덕적·지성적 동기, 취미 동기로 나누어 볼 수 있다.

감각적 동기나 도덕적·지성적 동기는 그 동기를 실현하고자 하는 대상의 '있음'에 얽매일 수밖에 없다. 감각적 동기는 자신의 만족을 극대화하고 지속시키는 것을 목표로 하고 도덕적·지성적 욕구는 자유 의지의 실현을 목표로 한다. 따라서 둘 다 목적론적 동기라 할 수 있겠다. 오직 '취미의 동기'만이 '없음' 가운데에서도 창조를 꿈꾸며 의도된 목적에서 벗어나 판단을 내릴 수 있다.

취미의 동기는 아름다움이다. 여기서 아름다움(beauty)은 추악한 것(ugly)의 반대가 아닌 거짓(false)의 반대로서 참(truth)과 결합한다. 참은 사물이나 인간 본질의 감각적 표현이기 때문에 자신의 마음을 완전히 비움으로서 문화에 따라 다른 관습적인 범주를 벗어난다.

그럼으로써 지금까지의 철학적·종교적 가치 체계를 상대화시킨 후 시간과 공간에 따라서 세부적인 적용은 일단 유보하고 모두가 공감하는 최소한의 원칙만을 보편적인 선(善)으로 선정하는 데에서 출발해야 한다.

일례를 들면 "이웃의 재산이나 생명을 취하는 것은 나쁘다"는 것과 같은 것이다. 2000년 전의 성경도 모든 신율(神律)의 종합으로서 "네 이웃을 네 몸과 같이 사랑하라"고 하였다. 이처럼 가장 원시적인 사회에서조차도 그 기초로 삼을 수밖에 없는 내적인 '사랑의 법'을 기초로 출발하여 외적 관계인 삶에 대한 관심과 인간에 대한 복지(Welfare)로 넓혀 가야 한다.

원시 사회에서의 생명과 재산에 대한 기본적 권리, 좀 더 진보된 사회에서의 책임과 의무에 대한 합법적 보장이 절묘하게 어우러질 필요가 있다. 보통 사회의 법체계를 초월하는 가정의 원시적 가치 기준이 시민 사회에 통용되는 방안을 모색해야 한다. 요는 규제일변도의 사회 법체계가 오히려 사회적 약자에게만 엄격히 적용되어 사회적 약자가 재기할 기회를 원천봉쇄하기 때문이다. 80:20의 사회에서 80퍼센트의 사회적 약자가 희망을 잃어 버리면 극렬한 저항을 하게 되어 사회의 통합이 깨져 버린다. 그러므로 시민 가족 개념을 도입하여 상생으로 미래를 열어갈 필요가 절실하다.

철학과 종교는 이 필요를 충족시키는 일이 신의 '대칭적 존재'인 땅 위의 인간의 도리로 설명된다. 궁극의 존재인 신의 영광과 모든 가치의 중심이 세워지는 인간학적 장소로 인간의 사귐과 공동체를 말할 수 있다. 즉 남녀의 관계, 인간 관계, 가정 공동체 속에서 각 존재는 자신의 주체성과 고유성을 가지고서 타인과의 사귐 속에서 '기초적인 사랑'을 발전시키면서 선의 원리를 분류한다.

선의 원리를 체계적으로 분류하기가 용이한 일은 아니나 가치 비교를 위한 기본 척도는 다음과 같이 제시할 수 있다. 먼저, 수명이 긴 가치는 그것이 짧은 가치보다 크다. 그리고 목적적 가치는 수단적 가치보다 크며 여러 사람들에게 큰 혜택을 나누어줄 수 있는 가치는 소수에게만 혜택을 주는 가치보다 크다. 또한 다른 가치의 발생에 도움이 되는 가치는 다른 가치를 파괴하는 가치보다 높다.

모든 종교의 이상

어떤 행위를 선택할 때 세 가지의 접근 방법이 있다. 원리주의, 무원리주의 그리고 상황주의적 방법이 있다.

원리주의는 현실에서 내려야 되는 결단을 어떤 보편적인 것—형이상학적이든, 규범적이든—에 종속시킨다. 이와 같은 태도는 그 사유의 기준을 '저 밖에서' 끌어 왔다는 뜻에서 '타율적'이며 결의론(決疑論, casuistry)이라고도 한다. 그 강점은 홍수와 같이 밀려오는 상대주의와 주관주의에 대한 방파제 역할을 한다. 그러나 심각한 약점은 '저 밖에 있는 신, 또는 규범'을 믿는 사람을 제외하고는 아무도 납득하지 않는다는 것이다.

무원리주의는 여러 개별 상황에서 요구되는 결단을 외부에 있는 보편적인 어떤 규범에게든지 종속시키기를 반대한다. 그 판단의 기준은 철저히 개인적이어서 객관적이며 무조건적인 기준은 주관주의의 흙탕 속에서 사라져 버린다. 일종의 방종이다.

상황주의는 모든 행위를 결단함에 있어서 '저 밖'의 보편 윤리를 충분히 상고해서 도움을 받으나 무조건 종속되기를 거부하고 현실의 구체적인 특수성을 판단의 발판으로 삼는다. 따라서 이들을 '원리가 있는 상대주의'라 부른다. 그 원리는 이 세계를 '사랑'에 연결시키고 모든 '저 밖'의 보편 윤리를 적절히 이용하고자 노력하는 것이다. 그래서 상황주의는 '선하다' '악하다'의 판단보다는 그 상황에 '적합한가'를 문제삼는다.

우리는 앞에서 우리가 사물들과 인간들에 대해 가지는 인식의 상당수는 객관적 인식을 통해서가 아니라 각 시대를 지배하는 갖가지 무의식적인 사유 구조들, 인식 외적인 권력 관계 등을 통해서 이루어진다는 것을 알 수 있었다. 그것은 엄밀한 의미에서 우리의 판단이 온전히 객관적이기 어렵다는 것이며, 이는 곧 유한한 인간이 본질적으로 선하다고 할 수 있는 것은 하나인데 곧 사랑이다.

모든 선의 최고 정점에는 언제나 온전한 사랑이 자리잡는다. 온전한 사랑은 합리적인 사랑으로, 한 사람을 다른 사람과 친밀하게 결합케 하는 동시에 또한 그 사람의 독립성과 전체성을 잃어버리지 않게 하는 사랑이다. 이것에 대해 비합리적인 사랑은 남에게 의존하게 하는 사랑이며, 더 나아가서는 사람으로 하여금 불안감과 증오를 갖게 하는 사랑이다.

종교사학적으로 종교의 윤리들은 세 단계를 걸쳐 발전되어 왔다. 첫 단계는 선의 본질과 바른 행위에 대한 추상적 이론만 있었다. 둘째 단계에서 추상적인 이론에 대한 해석이 시작되었으며, 셋째 단계는 그 해석을 법률로 조문화(條文化)시킨다. 유대인들은 단순한 모세 오경을 613개의 법조문으로 부연확대해서 유대 사회를 율법으로 얽어매었다. 이것은 진정한 의미에서 종교의 발전이라기보다는 본래의 정서(pathos)를 잃어버리고 거미가 먹이를 잡으려고 쳐 놓은 자기의 거미줄에 질식당하게 되는 결과가 나타난다.

하나의 예로서 한국의 최대 교단인 장로교의 교리를 기초한 칼뱅을 들 수 있다. 그는 자신이 쓴 『기독교강요』라는 교리서대로 세상을 만들어 보겠다는 생각을 가지고 권력을 쟁취하여 제네바를 통치했다. 이때 칼뱅은 그의 신학에 반대한다는 이유로 인문주의자인 세르베토를 이단(異端)으로 정죄하여 화형(火刑)에 처했다. 사건을 목도한 카스텔리오는 이 사건을 '관청에 의한 살인'으로 규정하면서 조목조목반박하고 이단에 대한 인문주의에 대한 관용을 촉구했다. 결국 그의 모든 책은 금서가 되고 죽음의 그림자가 그를 뒤쫓았다. 다행히 병사(病死)하는 바람에 화를 면하기는 하였다.

자크 엘룰은 "원래 종교에는 도덕이 없다" 면서 신적 계시는 물론 종교적 용서라든가 자유 등은 정확히 도덕에 일치하지는 않는다고 주장한다. 물론 이것은 도둑, 살인 등을 권면하는 것이 아니고 오히려 그 반대로 신과의 진정한 만남에 방해물로 나타나는 모든 시대적인 도덕을 초월하라는 것이다.

초기 기독교가 여성차별주의였다는 것은 기독교 자체가 여성을 차별한 것이 아닌 그 시대의 교인들이 당대의 이데올로기에서 자유롭지 못하였다는 것을 말한다.

중국 청나라 시절, 뱃사공을 남편으로 둔 한 여인의 실화는 시대의 도덕이 얼마나 교조화되었는지를 보여준다. 그 여인의 남편은 고기잡이하다 일 년에 한 차례씩 집으로 돌아와 오랫동안 떨어져 있던 아내와 꿈 같은 세월을 보내곤 한다. 이를 지켜보던 시어미가 남편을 유혹하여 집안을 가난하게 한다며 며느리를 호되게 시집살이를 시켰다.

얼마 후 남편이 결핵에 걸려 몸져누워 있다가 죽는다. 이때 그의 아내는 남편의 주검 앞에서 관을 두 개 준비하라고 부탁하면서, 내가 유혹하는 것은 남편의 시체뿐이라며 통곡한다.

그 여인은 목을 매어 죽었고 그것을 본 시어머니는 "참 효부를 내가 몰라보았다"고 얘기하고, 친정아버지는 '열녀'를 두었다고 자랑하였으며 동리에서는 '열녀상'을 만들며 길이길이 추앙하였다는 것이다.

지금 생각해 보면 어이없는 일이지만 그때에는 그 사회의 사람이라면 모두가 당연히 받아들인 그 사회의 일반 규범이었다.

지금은 광속의 변화 시대로서 오늘의 규범이 몇 십 년 아니 몇 년 후면 엄청난 착각이었다고 후회할 수도 있다. 종교는 시대를 초월하여 왜 사는지에 대해 말해야한다. 만일 종교가 한 사회가 규정하고 있는 '어떻게 살으라'에만 집착한다면 그 사회의 소멸과 함께 소멸된다.

한 시대의 사회는 그 사회와 유지와 체제의 안정을 행복이라고 생각하며 삶의 규칙을 정하는 경우가 있기 때문에 칼포퍼 경(卿)은 '모든 정치이념 중 가장 위험한 정치 이념은 인간을 완전한 존재로, 완전한 행복으로 만들려는 소망이다. 땅 위의 천국을 만들려는 시도는 언제나 지옥을 만들었다.'고 경고한 바 있다. 독단적 이념에 근거해서 인간과 삶의 상대성을 무시하고 천국을 만든다면 표면과는 달리 그 이면의 상황을 무시한 일방적이고 율법적인 정죄가 무수할 것이며 그럼으로써 이 땅에 무수한 청나라의 여인들을 만들며 장발장을 양산할 것이다.

근자에 논의되고 있는 안락사, 순결, 낙태, 장기 기증 등의 여러 현안에 대해서도 그 당사자의 내일에 대해서는 고려하지 않고 또는 전혀 책임지지 않으면서 조문에 얽매여서 적용한다.

윤리학자 조셉 플래처(J. Fletcher)는 결의론과 같은 이론은 "침대를 파는 장사꾼이 사러 온 사람을 쇠로 만든 침대에 묶어 놓고 긴 사람은 자르고 짧은 사람은 늘려서 사람의 키를 침대에 맞추는 일"이라고 본다.

이 상황주의는 현대에 새로 생긴 것이 아니라 고대에서도 삶의 문제를 진지하게 생각하는 사람이라면 자연스레 받아들였다.

고대 사상가인 어거스틴은 "어떤 사람이 선한 사람인가 아닌가를 알기 위해서는 그가 무엇을 믿고 무엇을 바라고 있는가를 물을 것이 아니라, 그가 무엇을 사랑하고 있는가를 물으라"고 했다. 우리는 무엇을 믿고 있느냐에 따라 피아(彼我)를 가르고 각자의 기준에 따라 엄청난 이율배반을 행하고 있다.

그러기에 "아무리 고상한 교리와 도덕이라도 대답을 자동(自動) 응답하기 보다는 상황에 대한 물음을 묻는 것이 더 종교적"이다. 사랑은 우리에게 "나를 닮으라"는 식으로 말하지 않고, "네가 처한 곳에서 네가 할 수 있는 일을 하라"고 말한다.

그래서 합리적인 사랑은 '원수를 사랑하라' 는 종교적 계명에서 그 절정에 이르지만 그러한 이상들은 완전하게 실현되지 못할 것이다. 원수와 같은 대상을 진정으로 용서하려면 먼저 자신의 완악함을 알고 모든 분쟁에 공동의 책임이 있음을 뼈저리게 깨닫는 일이 선행되어야 한다.

그러나 그러한 영적 통찰력은 극소수의 개인만이 성취할 수 있는 것이며 결국 어떠한 사회나 사람도 근사치의 영역밖에 머물 수 없음은 엄연한 사실이다. 그래서 원수 사랑의 도덕적 특징은 우리의 희망일 뿐만 아니라 절망이기도 하다. 그 절망 가운데서 종교는 신적 언어를 중심으로 한 새로운 가능성을 보여준다. 즉 인간의 유한성과 함께 신앙 안에서의 가능성을 제시함으로 한계 상황에서 상(傷)한 마음으로부터 궁극적인 희망이 솟아오르게 한다.

신앙은 매우 논리적으로 이 궁극적 희망이 순전하게 인간의 가능성에만 두지 않는 사람들에게 가능함을 보여준다 따라서 자기 참회는 원수 사랑으로 향하며 천국으로 향하는 문이다.

한 마디로 인간은 원수 사랑이라는 지고의 선에 있어서는 불가능의 자리에 있으면서 궁극의 존재를 만날 때 가능성의 가장자리를 만질 수 있는 것이 인간이며 역사의 여러 사건들은 인간들에게 자신의 제한성을 생각지 않고 그것을 뛰어넘으려 할 때 그의 삶 가운데 오히려 악이 강해진다는 사실을 인식시켜 준다.

그럼에도 개인은 자신의 이해 관계뿐만 아니라 다른 사람들과의 이해 관계도 고려하는 수준에서라도 도덕적(moral)이며 공정한 객관성의 척도로 어느 정도 이기적인 요소를 정화시키며 사랑을 키워간다.

그러나 이런 수준의 성과도 집합적이 될 때 형편없는 이기심과 부도덕을 드러낸다. 모든 인간 집단은 개인과 비교할 때 충동을 올바르게 인도하고 때에 따라 억제할 수 있는 이성과 자기 극복의 능력이 결여되며 개인들의 이기적 충동이 누적되어 집단적 충동으로 나타나기 때문이다. 그러므로 사람들이 지켜야 할 사랑의 요구의 가능성을 아는 것 못지 않게 불가능성을 아는 것도 중요하다.

종교적 삶의 도덕적 효율성은 의지에 대한 도덕적 요구보다 더 깊은 것에 의존한다. 사실 사랑의 법은 안다고 지켜지는 것이 아니다. 그것이 지켜졌다면 그것은 생의 극한 지점에서 오는 성(聖)의 경험을 통해 모든 존재의 아름다움이 계시되었기 때문이다.

비록 의지적으로 불가능한 종교적 사랑의 삶은 표면에 나타나지 않은 생명의 샘에 의해 양분을 공급받을 수 있을 만큼 깊게 뿌리를 내린다. 그 가지들이 하늘에 닿을 만큼 사랑은 저절로 열매를 맺는다.

다시 말해 어떤 종교든 궁극적인 확신을 인간의 사랑이 아닌 신의 은총에 두고 인간이 자기의 재능으로 고안해 낸 일시적이고 피상적인 존재의 조화가 아닌 궁극적이고 초월적인 조화에 둔 낙관주의를 가져야 한다.

이는 사랑을 신적 기반에 두지 않으면 또 하나의 집착(執着)이 되어 불가(佛家)에서 말하는 모든 고(苦)의 모태인 어리석음(無明)이 되어버리기 때문이다. 자유라는 얼굴을 시니시 않은 사랑은 아무리 그럴듯하게 포장을 하여도 절대 사랑이 아니다. 참된 사랑은 대지를 비추는 태양처럼 들꽃 향기처럼 대상을 취사선택하지 않는다. 어느 한 대상에게만 쏟는 사랑은 참된 종교적인 사랑은 아니다. 그래서 성인(聖人) 요한은 사랑을 신과 동격(同格)으로 말했고, 따라서 믿음, 소망, 사랑은 자연인의 도덕적 가능성 위에 은혜에 의해 첨가된 신학적 선(virtue)이라고 한 가톨릭의 교리도 넓은 의미에서 일리가 있는 말이다.

그래서 고대의 사상가인 어거스틴은 '신을 사랑하라. 그리고 원하는 대로 하라'고 하지 않았는가. 종교는 모든 보편 가치의 증류물인 신에의 사랑을 권하고, 일방적 규범의 잣대가 아닌 공동의 사랑과 행복이라는 시점을 지녀야 한다.

자유의 접경 지대

인간됨의 자리(seat)를 사랑이라면 이 사랑의 자리를 의미 있고 보람 있게 하는 것은 자유이며, 또 이 사랑의 자리가 평화로우며 공생적이기 위해서는 책임이 필요하다. 사랑은 존재의 집이며 '자유' 와 '책임' 은 존재의 사회성을 이끌어 가는 두 정신이다

1989년 11월 9일 181km에 달하는 베를린 장벽이 무너지면서 '대중에 대한 책임' 을 우선하느냐, 개인의 자유가 우선하느냐는 논쟁은 막을 내리고 무한한 자유의 질주가 인류를 부추기고 있다.

기술 사회였던 산업 사회가 인간을 사회 시스템의 부품으로 전락시켜 개개인의 개성적 자유보다는 대중의 기호와 트랜드의 자유, 즉 보여지는 자유에 만족했으나, 정보화 사회가 정착되면서 개성의 자유, 감추어 있었던 내면의 세계를 상품처럼 내보이며 그야말로 백가쟁명(百家爭鳴)식의 자유를 만개시켜 간다.

인류의 불완전에서의 자유라는 명분과 함께 끝없는 탐구열과 자연에 대한 지배를 추구하는 현대 기술의 자유와 책임은 무엇인가?

이념의 시대는 종언을 고하고 변두리가 중심의 무거움을 몰아내어 버려 누구의 따가운 눈총 없이도 본능을 분출할 수 있으며 그 분출의 가능성을 담보하기 위해서 책임이라는 단어를 돌볼 여유조차 없어져 버렸다.

그러나 우리의 자유가 사디즘적이지 않기 위해서는 자유를 다시 정의하고 책임을 다시 자유와 접합시켜야 한다. 사실 책임 없는 자유란 혼돈스럽고 위태로우며, 자유 없는 책임은 노예적이며 애초부터 불가능한 추상(抽象)이다. 그렇기에 자유와 책임은 각자의 고유 지대를 확보하면서도 완전히 격리되지 않고 공유된 접경의 지대가 필요하다.

자유와 책임 그리고 도덕과 교육 개념은 제각기 다 개별적으로 의미심장한 개념인 동시에 서로가 서로의 '독립 변인', '종속 변인' 으로 연결되면서 여러 가지 중요한 명제를 형성한다. 자유는 도덕의 기저에 있는 개념이다.

자유 없이는 도덕이 성립되지 않기 때문이다. 노예로서 행한 행위에 도덕적 책임을 물을 수 없다. 칸트의 말대로 자유는 도덕의 '존재 근거'이고 도덕은 자유의 '인식 근거'이다.

한편 교육은 그 자체가 자유화의 범위를 확대하고 심화시킨다. 하나의 예로서 피아노를 칠 줄 아는 사람은 피아노 앞에서 칠 것이냐 말 것이냐 어느 곡(曲)을 칠 것이냐를 선택할 수 있는 자유가 있다. 그러나 자유를 '마음대로 하는 것', 도덕은 '마음대로 안 하는 것'이라는 통념은 잘못된 것이다.

그러면 자유라는 개념은 무엇을 의미하는가? 자유의 개념은 구조적으로는 개인적 차원의 자유와 사회적 차원의 자유가 있다. 생각의 자유, 선택의 자유, 행동의 자유 등이 선자에 속한다면 사회적 차원의 자유는 사회의 각 구성 단위를 유지·번영을 위한 방향 설정 안에서의 자유를 말한다.

또한 자유의 개념을 심리적 영역에서 살펴보면 소극적 의미의 자유 (negative liberty)와 적극적 의미의 자유로 나눌 수 있는데 전자는 타인이나 특정 권위 또는 사회적 규제로부터 벗어나고자 하는 '…로부터의 자유' (freedom from)이며, 후자는 공동의 가치를 창출하기 위해, 고도의 가치인 개인의 사리(私利)를 뛰어넘어 공익을 위해 능동적이며 적극적으로 행동하며 희생하는 '…을 위한 자유' (freedom for)이다.

소극적 자유가 외부의 권위로 억압된 채 행해지는 적극적 자유는 노예적이며 기계적일 수 있으며 이런 의미에서 적극적 자유는 소극적 자유가 전제되어야만 실현 가능한 것이다.

전통과 체면을 중시하는 사회일수록 소극적 의미의 자유가 극도로 위축되어 개인의 자유를 질식시켜 적극적 의미의 자유도 누리지 못한다.

개인적인 자유를 사회의 이름으로, 철학의 이름으로, 종교의 이름으로 제한시킬 때 일부는 제한하는 주체에게 자신의 자유를 반납하고 심리적으로 예속하는 자유로부터의 도피 현상과, 일부는 과도한 자기 개방을 통해 극렬한 저항 현상이 나타난다. 그 사회에 '…를 위한 자유'는 없다. 간혹 있다고 해도 수동적이며 체면을 위한 것이어서 일과성에 끝나거나 우월감과 저열감을 조장할 뿐이다.

미래 사회의 생존 조건 가운데 하나가 곧 '남다름', 즉 다양성에 대한 인내로서 획일적 자유를 주장하다가는 독선으로 규정된다. 인류의 수만큼이나 다양한 개인의 자유가 마음껏 분출되면 그 자유는 자유의 최고봉인 적극적 자유로 나아가서 사회에 정의와 화해가 강물처럼 흐르게 된다.

우리가 단순한 쾌락주의라고만 오해하고 있는 에피쿠로스(Epicouros, B.C 341~270)는 쾌락주의의 근본 개념은 고통이며 행복보다는 불행일 수도 있다고 한다. 그것은 진정한 쾌락주의자는 다만 신중하고 절제된 쾌락을 요청할 뿐이며 신선한 물 한 모금, 어떤 마주침, 신을 향해 기원하는 어느 시선 등을 보며 쾌락을 느끼기 때문이다.

개인의 자유가 차단될수록 그 충동을 파괴적인 곳에 사용하려 할 것이나, 자유의 분출이 허용되면 잠시의 혼란이 있을 수 있으나 결과적으로 충동의 흐름이 생산적인 곳으로 향하게 된다.

그러면 자유와 책임(responsbility)은 어떠한 관계가 있는가? 우리가 추구해야 할 방향은 자유 없는 규범주의도 아니고 규범 없는 상대주의도 아니다. 우리는 자유 있는 규범주의, 최소한의 원칙이 있는 상대주의를 모색해야 한다.

포스트모더니즘에서 심각한 현상은 인간의 죄성을 간과하여 무한한 가능성을 추구하는 결과로 극도의 개인주의에 빠져가는 것이다. 개인적 차원·사회적 차원의 자유가 주어질 때 인간은 결단을 선택할 수 있기에 자유롭다고 할 수 있다. 이 결단의 자유가 진리 안에서 행사될 때 신앙인의 책임과 자유는 병행할 수 있게 된다.

틸리히는 "진리가 너희를 자유케 하리라"(요 8: 32)는 성구를 인용하면서 인류의 보편적인 문제로서 진리와 자유를 연결시킨다. 그런데 이 진리는 모든 생명의 성스러운 근원과의 교제를 놓치지 않으며 모든 존재와 사랑의 결합을 잃지 않는 것이라고 한다.

진리는 타자(他者)를 지향하는 내적 열정이며 이 진리에 대한 신앙에는 충성과 신뢰의 두 흐름이 있다. 키에르케고르가 신앙을 객관적으로는 불확실한 것이며 불합리한 것과 관계되어 있는 것이라고 한 것처럼 진리에 대한 신앙은 객관적으로 불확실한 만큼 주관적으로는 확실하다.

그렇기 때문에 자유는 법으로 타부를 정할 것이 아니라 종교적 가치가 개인의 무의식의 자리를 지속 가능한 진리로서 감싸줄 때 책임의 영역과 조화를 이룰 수 있다.

종교인으로 행동한다는 것은 같은 원인(cause)에 충성하는 모든 사람들에 대한 충성과 충성된 원인 자체에 충성하는 행동이다. 만일 진리가 나의 원인(cause)의 이름이라면 나는 진리에 충성할 것이며 진리가 충성하는 모든 사람들—진리가 버리지 않는 그 사람들—에게 충성할 것이다.

그리고 진리의 능력에 대한 나의 신앙은 그 원인에 속한 모든 나의 동료들에 대한 신뢰에서 분리될 수 있는 것이 아니다. 그래서 참 자유는 원인과 공동체 안에서의 충성과 신뢰 속에서 행사되어야 한다.

원래 기독교도 오늘날처럼 인간을 신에게 초점을 맞추지는 않았다. 그 반대로 성(聖)요한에 의하면 '인간의 신성(神聖)' 보다도 예수그리스도의 사실, 즉 '신의 인간성' 에 초점을 맞추고 있다. 즉 인간은 인간을 통하여만 우주의 진정한 실재(實在)를 만날 수 있다. 부버의 말과 같이 "모든 하나 하나의 '너' 는 영원한 '너' 를 들여다보게 해주는 창(窓)" 이기 때문이다.

　이처럼 신앙의 책임성 안에서 자유를 행사한다면 자유로 인한 방종이 줄어들며 오히려 더 큰 자유를 위해 덜 중요한 자유를 스스로 통제하고 포기하는 자유의 역설(paradox of freedom)을 터득하게 된다.

　그럼으로써 지금까지는 억압에서의 자유가 자유의 핵심이었으나 이제는 자유로움을 경험한 사람들이 이제는 자기 실현의 자유를 위해 적극적 자유를 즐겁게 구사하는 것이다.

　책임 의식은 생각하는 자유를 통해 상상을 하며 창조하는 자유를 누리게 되고 이것이 적극적으로 행동하는 자유가 된다. 이러한 자유 정신은 능동적인 책임을 통해서 검증되고 책임은 자유에 의해서 매개된다. 결국 자유와 책임은 인생의 안과 밖, 목적과 수단으로서 접경 지대를 같이하고 있다. 그 접경 지대에서는 자유로운 봉사자들(spontaneous servants)이 책임이 있는 자유를 축하하는 잔치(celebration of communion)를 벌일 것이다.

3. 색다른 파노라마

새로운 코스몰로지

인간은 그의 행동 이전에 그 행동을 스스로 유발시키는 의식 구조, 그 구조를 지배하는 세계관 속에 살고 있으며 그 세계를 우주론 즉 코스몰로지(cosmology)라고 부른다.

어느 하나의 공시적인 시점에 얽매이지 않으며 이 모든 세계를 포괄하는 코스몰로지의 설정이 앞으로의 철학의 제1과제이듯 종교 역시 인간의 힘으로는 완벽하게 탐구해 낼 수 없는 '존재의 깊이'를 열어 보여주는 것으로 전환하여야 한다.

전통적인 종교의 코스몰로지는 신은 '저 위에' 또는 '저 밖에' 있는 분으로 생각하여왔다. 이러한 개념은 한 쪽에 '신'이 있고 다른 한쪽에 '세계'가 있다는 것이다. 신은 스스로의 힘으로 존재하는 하나의 존재로서 이 세계와는 따로 떨어져 있다는 것이다.

그 신은 인격적 존재로서 모든 것에 대한 정답을 가지고 있으며 그 정답을 자신을 추종하는 사람들을 통해 세상에게 전달한다. 이 소식을 거절하는 자들을 위해 지옥의 불길을 돋우고 있다. 이러한 코스몰로지의 신은 인간을 약하게 만들거나 노예로 만들거나 편가르기를 종용하는 폭

군이 되어버린다.

이미 생명 창조 시대에 접어든 지금, 인간의 능력이 미치지 못하는 그 무엇에 대한 임기응변의 신인 '저 하늘 위에 있는 존재', 그리고 인간이 만든 어떤 성전에 내려와 기거하며 인간의 순종을 요구한다는 등의 개념은 더 이상 이해할 수 없게 되었다.

그러므로 현대는 전통과는 다른 새로운 코스몰로지를 필요로 하는 시대이며, 그럴 때 종교가 새 시대에 공헌할 수 있다. 이제 전통 코스몰로지의 공간적인 은유(隱喩, metaphor)를 바꿔 놓을 시점이다. 즉 신에 관한 진리를 표현할 때 '높이' 보다도 '깊이' 라고 하는 이미지를 사용해야 한다.

이를 틸리히(Paul Tillich)는 말하기를 신은 그 존재성을 말하려고 애써야 하는 '저 밖에' 있는 어떤 투영(投影)이나 하늘 저쪽에 있는 하나의 타자(他者)가 아니라 우리의 존재 자체의 기반(ground)이라고 한다.

틸리히가 '깊이' 라는 말로 신을 표현할 때, 또 하나의 다른 신을 말하려는 것이 아니다. 그것은 "모든 존재의 무궁한 깊이와 기반, 우리의 궁극적 관심사, 우리가 무조건 중대하게 여기고 있는 그 무엇"을 의미한다.

이러한 코스몰로지에서 이제 "신을 믿는다"라고 할 때 '임기응변의 신' 으로서 '밖으로부터 개입하는 초 존재(super-Being)' 를 납득시킨다는 것이 아니고, 우리 존재의 기반에 대한 신뢰, 믿을 수 없을 정도의 철저한 신뢰를 의미한다. 곧 신에 대한 신앙은 "우리가 무조건 중대하게 생각하는 것이 무엇이냐" 하는 문제, 즉 우리에게 있어서 궁극적 실재가 무엇이냐 하는 문제를 말한다.

이러한 세계관은 인격적인 관계의 궁극성을 받아들인다. 그러므로 이때의 신은 사람과 사람의 한 가운데에서 그 피안(彼岸)에 있다. 초월적인 것은 무한히 먼 것이 아니라 가장 가까운 것이 된다. 그것은 영원한 '너'

는 오직 유한한 '너' 안에서, 그리고 그 '너'와 더불어 또 그 '너'의 밑에서만 만날 수 있기 때문이다.

이러한 관점은 네덜란드의 화학자 헬몬트로 대표되는 스피리추얼리즘(Spiritualim)에서도 유사성을 찾을 수 있다. 헬몬트는 신은 "하나 안에 모든 것이 있고 모든 것 안에 하나가 존재하는"(The All in One and One in All)존재로 선언한다. 이 신은 모든 것을 품으시는 존재이다. 따라서 초월적이고 유아독존적이며 배타적 존재가 아니라 모든 것이 그의 품 안에 안겨 있는 그러한 존재다.

이러한 코스몰로지의 시각은 목적적 가치와 수단적 가치를 잘 구별한다. 궁극적 의미를 밝혀 주어 인간의 문제들에서 찰나적 해결이 아닌 궁극적인 해결을 도출하는 것이 목적적 가치이며 그 외의 수행, 예배, 교육, 등 모두는 수단적인 가치일 뿐이다.

그러나 지금의 종교는 수단적 가치에 집중하고 있으며 오히려 과학이 이제 수단적 가치를 무용지물로 만들고 있다. 그동안 육체가 지닌 한계를 초월시켜 주는 감각 경험은 종교를 전하는 주요 도구로 활용해 왔다.

그러나 텔레파시는 무선 통신의 발달로, 환상은 테크노피아의 조작으로, 장수는 생명 공학이 주려고 하고 있나.

그러므로 수단적인 가치로 종교의 관심을 끌 수 있는 시대는 지나갔다. 육체적 감각적 신비로 끌려 하지 말고 인간이라는 종의 보존과 새롭게 제기될 파생적 문제들에 대한 근원적 접근을 통해 공동의 합의를 도출하는 코스몰로지의 시각이 절실하다.

심볼리즘의 시각

한사람을 '옳다', '그르다'라고 평가할 때 그의 현재의 모습대로 판단하는 것이 율법적 판단이며, 그 행동의 환경과 배경, 그 사람에 대한 선악간의 판단이 미칠 영향까지를 고려하는 것이 심볼리즘적 시각이다. 즉 한 사물을 볼 때 단선적이 아닌 다면적으로 보기 때문에 열린 해답이 가능한 상징성을 띠게 된다.

그러기에 이 시각은 '옳은' 것을 율법적 시각에서 구하지 않고 '좋은 결과를 위한 하나의 방편'으로 추구한다.

종교는 하나의 상징 체계이다. 추상적일 수밖에 없는 신화를 경전으로 구상화한 후, 집단으로 행하는 의례인 예배, 통과 의례인 수계, 세례, 성만찬 등, 그리고 개인 의례인 회심, 기원, 묵상 등 모두가 신비한 힘과의 접촉을 추구하는 상징 덩어리로 구성된다.

신화는 아무도 가보지 못한 태초의 사건에 대한 전승된 이야기로서 오늘날 종교 의례의 바탕을 이룬다. 신화는 언제나 신화일 뿐이다. 신화의 시간을 실제 역사와 연결하지 않으며 신화에 나오는 어떤 장소를 지금의 지리 공간 중 어떤 곳을 가리킨다고 믿지도 않는다. 그래서 신화를 사실로 설명하려는 어떤 시도도 난관에 부딪친다.

그러나 신화는 중요한 기능 하나가 있는데 그것이 곧 성스러운 '무엇'과 연결시켜 주는 기능이다.

원시 사회에서부터 전승되는 신화는 그 사회를 통합하는 상징이었고 일상의 스트레스를 카타르시스하는 상징이었다. 원시 사회의 종교 의례는 집단에 속한 모든 사람들이 주체가 된다.

분위기가 고양되면 자신의 지위나 역할을 벗어 던지고 강력한 신체적 퍼포먼스를 통해 모든 사람의 동등성과 하나됨을 인식하며 해방의 카타르시스를 경험한다.

이처럼 종교는 인류의 운명을 궁극적으로 관장한다고 믿는 힘을 상징 체계로 갖고 있다. 그 힘 앞에서 진지해지며 자기 존재에게 덧붙여진 역할을 일시적으로라도 떠나게 하여 전체적으로 영속하는 동기를 부여하며 분위기를 창출하는 일이 올바른 종교의 모습이다.

그러나 지금의 종교는 일상에서의 카타르시스기능보다는 억압과 번민의 스트레스 기능이 더 크다.

개인의 구속(redemption)을 최우선으로 강조하는 전통적 기독교에서는 전체가 하나이며 전체가 곧 나라는 의식이 성립하기가 어렵다.

전체에 대한 관심, 형평에 대한 의식이 희박해지며 개인의 구원 문제에 모든 에너지가 집중된다. 아무리 공평한 사람도 구원받지 못하면 악인이고 아무리 불법자도 신앙이 있으면 의인이 되어 버린다. 형평에 어긋나는 사회의 윤리성은 전혀 이야기될 틈이 없다.

끊임없이 계속되는 피안의 세계에 대한 희망과 불안 때문에 이중의 스트레스를 경험한다. 문자로 잘 정리된 종교 체계를 강요당하는 개인의 군자(君子)돠 같은 삶이 위선일 수밖에 없는 갈등이요, 나라를 훔치면 영웅이 되고 복받은 사람이 되고 사과를 훔치면 도둑이 되는 사회 현실의 이중성에 대한 무력감에서 오는 자괴감이다.

도스토예프스키는 라스콜리니코프의 입을 통해 이렇게 말한다 '한 사람을 죽이면 사형대에 오르고 수천만 명을 죽인 나폴레옹은 영웅이 되는가? 세계를 포용하지 못하고 개인의 내밀한 부분에만 거주하는 신은 이처럼 끝없는 이중 인격의 개인과 사회를 만들어 간다. 실체가 있는 개인에게는 스트레스를 주고 실체가 없는 사회 구조에게는 카타르시스를 주어 그 구조의 기득권층에게만 유효한 종교가 되어 버렸다.

간혹 카타르시스가 있어도 극히 제한적이다. 종교에는 분명 카타르시스가 있으며 두 가지의 형태가 있다. 하나는 심리위무적 카타르시스이고, 다른 하나는 궁극적 해방으로서의 카타르시스이다.

그리스 신화의 '오이디푸스'는 테베의 국왕에게서 태어났다. 그러나

"아이가 크면 아버지를 죽이고 어머니와 결혼할 것" 이라는 무서운 예언을 듣고 아이를 버렸는데 우여곡절 끝에 이웃 나라의 국왕에 의해 길러진다.

청년이 된 어느 날 우연히 산길에서 만난 노인과 논쟁하다가 그 노인을 죽이게 된다. 그 노인이 다스리던 테베는 스핑크스가 출몰해 백성들을 도탄에 빠뜨렸다. 아무 것도 모르는 이 청년은 테베로 가서 스핑크스의 수수께끼를 지혜롭게 풀어 테베의 왕이 되었고 그 노인의 아내와 결혼한다. 그가 산길에서 살해한 노인은 자신의 아버지였으며, 결혼한 여인은 자신의 어머니였다.

이 비극은 고대 그리스 사람들이 가지고 있던 인간의 자유 의지에 대한 탁월한 이해를 보여주며 오이디푸스가 피할 수없이 맞이하게 되는 운명과 그로 인한 갈등이 잘 드러난다.

이 신화는 아리스토텔레스가 비극을 정의할 때 전형적인 보기(example)가 된다. 즉 우리보다 신분이나 인격에 있어서 탁월한 사람이 몰락하는 과정을 바라보면서 관객들은 공포와 연민을 경험한다는 것이다. 이 공포와 연민의 감정을 느끼면서 사람들의 마음속에는 심리위무적 카타르시스, 즉 정화가 일어난다.

그러나 오이디푸스왕이 자유 의지와 관계 없이 저주받은 자신의 운명을 알게 되면서 고통스러워 하지만 바로 그 운명에 대응하려고 결단할 때 그의 고귀함이 나타난다.

역설적이게도 자신의 눈을 찔렀을 때 오이디푸스는 자신과 자신을 둘러싸고 있는 모든 것의 허상을 진실하게 볼 수 있었다. 여기에서 카타르시스는 무섭도록 엄정한 인생의 진실을 마주하면서 자유롭게 자신의 존귀한 선택을 통해 삶의 여정을 끝까지 완결하려는 궁극적 해방이다.

왕자로 태어났든지 신의 아들이라고 불리든지 고귀한 신분이었던 종교의 창시자가 연출한 고행과 핍박, 그리고 죽음은 그 자체로 우리의 연민을 불러일으키고 심리적 위안이 된다.

여기서 한 걸음 더 나아가야 한다. 이미 지나간 성인들의 고행에 얹혀 살려는 것보다도 그 고행을 여기 재현하며 생의 엄숙한 현실을 바꾸려는 해방적 카타르시스가 필요하다.

종교 창시자의 감동적 행위에 젖는 것은 그것 자체로도 일종의 변혁의 포텐셜 에너지가 된다. 아무도 쉽게 하지 못하는 맑은 행동에 위안을 얻는 것 자체가 그 행동으로 마음이 경도되었음을 보여주기 때문이다. 이 에너지를 오로지 각 집단 내부의 성장에 투입해왔던 지금까지를 반성하고 사회적 공명(共鳴)의 차원을 높여야 한다.

그러기에 원래 종교의 고유 기능인 해방의 카타르시스를 회복하려면 심볼리즘(symbolism, 상징주의)을 회복해야 하며 두 가지의 접근이 필요하다.

하나는, 종교적 행위에서 가급적 언어의 사용을 줄이고 상징을 통한 자각을 불러일으킨다.

신화라는 심볼은 다양한 인간의 수많은 상념을 그대로 신비와 연결시켜 주는 매개이다. 하나의 심볼은 그 자체로 여러 가지 목적을 수행할 수 있다. 보는 사람에 따라 각기 다른 의미로 다가온다. 특히 예술과 종교의 상징 기능은 더욱 다의적이 된다.

레오나르도 다빈치의 대표작 중 인간 개성의 신비로움을 표현한 '모나리자'를 보라. 그 그림에는 자기 진술의 언어가 없어도 관객들은 각자의 심성을 투영시키며 해석한다.

그러나 지금의 종교는 신화를 하나의 상징으로 놓아두기보다는 '과학적 세계관'에 많은 영향을 받고 있다. 과학적 세계관은 세계의 모든 것을 인과율에 근거해 언어로 설명이 가능하다는 것이다.

비트겐슈타인은 이런 태도를 다음처럼 비유한다.

"고대인들이 신과 운명을 넘어설 수 없는 것으로 보고 거기에 멈추어 섰다. 현대인은 자연법을 범할 수 없는 것으로 보고 거기에 멈추어 선다. 그 둘은 다 맞기도 하고 틀리기도 하다. 그러나 현대인은 모든 것을 설명하려고 하지만 고대인들은 분명한 종착점을 알고 있다는 면에서 더 현명하다."

그는 언어는 그 본래의 단어를 그대로 지칭하기보다는 문맥에 따라가기 때문에 언어 게임이라는 행위에는 공통되는 본질의 속성은 없다고 본다.

원래 종교는 말이 아닌 신화를 자연이라는 상징물을 사용하여 기억하게 하고 회상하게 하여 결단을 촉구하였다. 예수는 들에 피는 백합과 공중에 나는 새를 보여주며 일상의 두려움을 벗어나는 길을 알게 하셨고 팔레스타인의 씨 뿌리는 농부들을 함께 보면서 천국의 삶을 비유하였다.

부처는 반니원경에서 "깨달은 사람은 마음이 밝으므로 보고자 하는 것이 다 나타난다. 도를 얻으려면 먼저 그 마음을 깨끗이 해야 한다. 마음을 깨끗이 지니지 못하면 세상에 나고 죽음을 벗지 못할 것이다. 생각과 마음이 청정한 사람은 도를 얻을 것이다" 라며 자각의 중요함을 설파했다. 그러기에 불가에서 고승이 던지는 화두 한 마디로 수행하며 인생의 이치를 깨닫는다고 하지 않는가.

우리는 인간의 언어로 구체화할 수 없는 신앙의 상징성을 너무 많은 말로 설명하려 한다. 마치 서당에서 훈장이 학동들에게 책 내용을 암기하도록 강요하며 그 문자의 설명까지도 획일적으로 따르도록 하는 것 같다. 설령 같은 책을 가지고 있다 해도 설명이 다르면 이단으로 정죄된다. 바로 그곳에서 신화가 가진 초월의 힘과의 만남은 중단되고 사색당파가 탄생한다.

전통의 종교 교육들은 가르침을 단순한 암기 내지는 기술의 습득, 일방적인 청취로 한정해 내적 통찰을 통한 초월적이고 신비적인 영역의 경험을 제공하는 데 있어서 한계를 노출시켰다.

이미 언어로 정형화되어 제시되는 신은 그 존재의 깊이를 상실하여 더이상 신이 아니며 하나의 이데올로기가 되어 자유가 아닌 억압을, 카타르시스가 아닌 불편함을 가중시킨다.

그러나 어떤 형태의 신앙이든, 각자의 삶의 내용(stuff)을 이루고 있는 여러 사람, 기관, 사건들과 우리가 상호 작용하면서 얻은 경험들에서부터 생겨나는 역동적인 과정으로서 이때 상징, 예전들에 의해 개인의 신앙이 각성되며 형성되는 것이지 문서화된 언어를 암기한다고 생기지는 않는다.

이처럼 상징은 지식과 감정을 연합하며 또한 감정과 방향성을 묶어준다. 따라서 신앙이란 지식이나 개념을 갖는 것이 아니라 우리의 존재 조건들에 대해서 강력하게 느껴지는 이미지를 형성하는 것이다. 그러므로 신앙은 상상력으로 우리의 행동과 반응들을 형성하는 데 포괄적인 이미지를 갖게 함으로써 우리 존재의 궁극적인 조건들을 포착한다.

뉴욕 포담 종교 교육 대학원의 교수인 마리아 해리스(M. Harris)는 종교적 상상력을 도입한 재창조의 패러다임을 다음과 같이 제시한다.

그것은 첫째는 침묵(Silence)—자기 자신의 목소리와 다른 사람의 목소리와 모든 사람의 목소리를 찾는 형태—이며, 두번째는 각성(Political Awareness)—침묵에서 생성된 주제로서 특히 현실에서 침묵을 강요당하는 사람들이 '대답을 요구하는 말'에 대한 알아차림—이고 세번째는 애도(Mourning)— 더 이상 적합하지 않은 것을 버리고 세척하고 재형성하는 버리기(letting go)이며 방출(release)—이다. 네번째는 결속(Bonding)과정으로서, 결속의 핵심적인 요소는 잊혀진 사람들과 기억을 떠난 물질과 잠든 관념 그리고 낯선 환경들과 결속하는 행위를 통해 탄생(Birth)이라는 재창조가 이루어진다.

이때의 탄생은 열정, 정서, 피, 눈물, 고통 등을 수반한 현실적 구체성을 지닌 새로운 사고의 틀로 이전과는 다른 미답의 길을 걸어가는 존재로의 거듭남이다. 그것은 기존의 교육들이 경쟁을 통한 극단의 개인주의를 추구하며 끊임없이 개인을 확장할 것을 요구함으로서 종교적 탄생과는 거리가 먼 죽음에의 고통으로 향한 까닭이다.

위와 같은 종교적 상징 교육의 패러다임은 그것에 적합한 교육 환경을 필요로 한다. 종교적 상상력의 환경 만들기는 이 세계와 심미적인 예술의 형태, 두 가지이다.

아침에 일어나서 밤에 잠들 때까지 눈에 들어오는 사물은 모두 인공물(人工物)이다. 인공물이란 인간의 어떤 목적 때문에 효율적으로 만들어진 물체이다. 그것에는 신비의 깨우침이 끼어들 영역은 거의 없고 인간의 합리성만 존재할 뿐이어서 합리적인 것만 세계의 가능성이라고 믿게 될 것은 당연한 일이다.

따라서 종교는 많은 사람들을 모으기 위한 도심지보다는 태고적의 모습에 자기를 돌이켜 볼 수 있는 곳에서 인간이 자연과 접할 수 있는 시스템을 제공하든지, 여의치 않을 경우에는 시, 드라마, 소설, 동화, 음악 등을 사용하여 표상적 상징 효과를 갖게 할 수 있다. 같은 인공물이라도 예술의 세계는 인간의 심층 영역과 연결되는 노이즈로 가득찬 세계이기 때문이다. 아직도 종교에 한 가지 가능성이 남아 있다면 '정답은 하나' 라는 과학 지식의 세계에 대한 인식 방법이 '물질' 에는 적용할 수 있지만 '존재' 의 깊이에는 이를 수 없기 때문에 인간에게 종교가 필요하다는 코스몰로지의 시각을 심볼리즘을 통해 새롭게 하는데 있다. 그리고 자기와 세계, 존재의 깊이, 그 근저에 있는 신비 그 자체를 마음껏 시간을 들여 탐구할 수 있는 장을 제공하는 것밖에 없을 것이다.

둘째, 종교에서 진리를 언어로 표시하고자 할 때 심볼리즘의 시각은 하이데거의 지적처럼 현대 과학 기술 문명의 '과학 언어' 대신 '시어' (詩語)로 사물을 본다.

과학의 지식은 표층 의식에서 발생한 세계의 인식으로 '물질' 에는 유효하지만 '존재' 의 분야는 취급할 수 없다. 인간이 왜 살아 있는가. '생명' 의 근원은 무엇인가와 같은 '존재' 에 대한 해답을 얻을 수 없으므로 존재의 '무엇과도 바꿀 수 없는 독자성' 은 오히려 그런 보편화, 객관화 과정을 거치면서 상실되어 버린다.

이처럼 '과학 지식' 은 어떤 것에 대한 견해가 언제 어느 곳에 있는 누구에게도 타당하다는 '정답은 하나' 라는 주의를 그 근본으로 삼고 있는 것인데 현대의 종교도 그와 같이 안이하게 정답을 던져 놓고 그것이 마치 어디에도 통용될 수 있다는 인상을 강요하는 경우가 적지 않다.

따라서 과학의 지식을 치환하는 임상의 지식이 필요하다. 기독교 신비주의자 안젤리우스 실레지우스(Angelius Silesius)의 시(詩)가 심볼리즘의 시각을 잘 보여준다.

"장미는 이유 없이 존재한다. 그것은 피기 때문에 필 뿐이다. 장미는 그 자신에도 관심이 없고 사람들이 자신을 보는 지도 묻지 않는다."

과학 기술 시대를 사는 우리는 항상 사물의 근거를 따진다. 장미는 언제 왜 피는지, 어떻게 하면 더 아름답게 피게 할 수 있는지를 물으면서 장미를 우리의 통제하에 두려고 한다. 그러나 바로 그 근거에 대한 물음 때문에 장미를 가능하게 하는 조건만 볼 뿐 정작 장미 자체는 보지 못한다.

정보언어는 사물을 지배하려는 의지로 탄생했으나 시적 언어는 사물로 하여금 자신의 고유한 존재를 그대로 드러나도록 한다. 사실 인간은 정보가 없을 때에도 인간답게 살 수 있었으나 시어를 버리면서 인간답게 사는 것과는 거리가 멀어진다.

인간의 현존재는 그 자신을 포함한 모든 사물이 고유한 존재를 들어내 도록 돕는 것이다. 여기에 과학적이며 합리적이고 철학적인 서양의 사유 방식 대신에 과학적이 아니고 시적이며, 추리적이 아니고 직관적이고, 분석적이 아니고 종합적인 동시에, 무분별적이며, 개념적이 아니고 감정 적인 동양의 사유방식이 필요하다.

최근의 연구에 따르면 전체성이나 패턴을 지각하는 의식의 형태, 즉 코스몰로지는 명상 속에서 커진다고 한다.

퍼포먼스 피드백

모든 가르침은 언어에서 행동으로 성육화(成肉化)될 때 비로소 생명 력이 있다. 엄청난 발전의 시대에도 기원전의 노자 등 고대 사상에 관심 을 갖는 것도 언어만 있고 삶이 없는 현실에서 연유된 것이다.

근대 이전의 형이상학적 물음은 '존재냐, 비존재냐' 였으나 산업 사회 가 되면서 '존재냐, 소유냐' 로 바뀌었고 요즘의 정보화 사회에서는 '존 재냐, 활동이냐' 로 다시 변한다.

첫번째 질문은 근본적 생존에 관한 물음이라면 두번째는 경제가 고려 되었으며 세번째 질문은 문화성이 가미되어 있다. 특히 산업 사회 때 아 무리 많은 소유를 가졌어도 존재의 참됨을 설득시키지 못했다면 존중받 지 못했던 것처럼. 이제는 아무리 참존재를 설득해도 활동이 없으면 아 무도 공감하지 않는다.

가르침이 있고 현장에서의 퍼포먼스가 있고 다시 그 행위를 피드백하 여 적합한 가르침으로 재구성되는 퍼포먼스 피드백(perfomance feed back)만이 모든 종교의 존재 이유를 변호해 준다.

그것은 먼저 자기 포기가 있을 때 가능하다. 불교 교리의 핵심 가운데 하나가 무아(無我)이다. 여기서 아(我, atman)란 생멸(生滅)과 변화를 벗어난 영원 불멸의 고유한 실체(實體), 본체(本體)를 말한다. 우리 자신을 포함해서 모든 존재에는 그런 영원 불멸의 고유한 본질적 실체가 없다는 것이 무아의 교리이다.

그러면 엄연히 존재하는 나는 누구인가? 우리가 나라고 여기는 것은 다섯 가지 요소—육체(色), 감각 기관(受), 인식 기관(想), 의지력(行), 분별작용(識)—가 일시적으로 화합(和合)한 것이지 영원 불멸의 실체가 아니라는 것이다. 따라서 자아는 일단의 무상(無常)한 인식 내용을 가지고 그 게 나라고 착각하는 것 일뿐이라는 것이다. 여기서 자기를 포기할 수 있게 되 주객(主客)이 서로 분리되지 않고 한 덩어리로 된다.

그리스도도 누구든지 나를 따르려면 먼저 자기를 버리라고 하였다. 분명히 그 자기 포기의 길은 좁을 것이나 그 길이 곧 생명의 길이라고 했다. 자기 포기와 무아야말로 종교가 연출할 수 있는 위대한 퍼포먼스이다.

다음 화엄 사상의 법계연기(法界緣起) 사상이 사이버 시대의 퍼포민스 피드백을 추구하게 한다. 사이버 공간은 통신망으로 연결된 컴퓨터들 사이의 교신과 정보 유통의 공간이다.

즉 네트워크의 공간이다. 연기(緣起)는 "모든 것이 그 자체로 고유한 실체를 가지고 존재하는 것이 아니라 다른 존재와의 연관성으로 존재한다"는 것이다.

모든 존재는 겉으로 보면 서로 다르고 독자적으로 존재하는 것 같지만, 사실은 상즉상입(相卽相入)하여 원융무애(圓融無碍)하게 상의상성(相依相成)한다. 이는 서로가 서로의 속에 들어가 있어서, 개별적이라면

서로 부딪치게 마련이겠지만 그렇지 않으면 서로 융통하여, 서로 의지해서 성립한다는 것이다.

이러한 연기설은 그물에 비유된다. 우주는 하나의 그물과도 같은데 그 그물코마다 구슬이 하나씩 있어서 각각의 그물에 우주 전체가 비치며(理事無礙) 또한 다른 모든 구슬들이 비친다(事事無礙). 이와 같이 우주의 모든 존재는 각자 우주 전체와 다른 모든 존재들을 담고 있다. 개체가 전체를 비치는 거울이며 전체가 개체를 비추는 거울인 것이다.

상호 개별 존재가 존재하는 모든 것과의 연관 속에서만 원리가 융통한다고 할 때 비로소 '인간을 수단으로 대하지 말고 언제나 동시에 목적으로 대하라' 는 칸트의 도덕률이 이해될 수 있다.

개인의 지복만을 강조하는 것으로만 여겨지는 한국 기독교와는 달리 성경에서도 우주적 그리스도를 암시하며 그리스도를 머리로 해서 각각이 몸의 기능을 담당한다고 언급한다.

그래서 인간은 세 가지 타자성(他者性)—신, 자연, 타인—을 인정하고 그 분야의 정당한 존엄성을 지켜줄 때 행복해질 수 있다

구약 성경에서는 자연의 타자성을 7년마다 안식년을 정해 땅 등이 휴식하도록 했고, 50년째 되는 희년(禧年)에는 노예뿐 아니라 토지나 가옥 등도 원주인에게 돌려주도록 했다. 물론 이스라엘에서 마저 한 번도 지켜지지는 않았으나 종교인들이 지향할 방향인 것은 틀림없다

인류의 타자인 자연을 한 생명의 덩어리로 보고 필요한 휴식, 돌봄이 중요하다. 신대륙을 발견하고는 백인이 인디언에게 가서 "토지를 팔라"고 요구하자 인디언이 의아해서 반문했다고 한다.

"공기를 어떻게 판다는 말인가, 대지의 따뜻함을 어떻게 판다는 말인가, 지절거리는 새, 활짝 피는 꽃이 있는 이 땅의 주인이 누구인가, 대지가 우리의 어머니이고 하늘이 우리의 맏형인데 우리에게 팔 권리가 있겠

는가."

인디언들은 나이 들어 운명할 때가 되면 모든 것을 정리하고 숲으로 들어가 조용히 삶을 정리한다. 대지와 수목 그리고 자연의 타자성(他者性)을 인정하지 않고 소유욕으로만 대할 때 모든 대지는 다 사막으로 변할 것이다.

개인과의 타자인 타인도 내 존재의 이유가 된다. 타인이 없는 개인이 있을 수 없으며, 타인이 무시될 때 모든 가치나 규범은 빛을 잃게 된다. 타자성을 진정으로 긍정하려고 하면 나와의 다름에 대한 존중이 있어야 하며 의례적 관계에서 심리적 융화가 필요하다.

사회 조직이 오직 이기적 욕망만으로 짜여질 때 생겨나는 딜레마를 '수인의 딜레마' (prisoner' s dilemma)라 한다. 이는 상호 불신하는 이기주의자들의 게임에서는 비록 각 개인이 자신의 이익을 최대한 증진시키는 이익을 최대한 증진시키는 전략을 택한다고 할지라도 전체적으로 보면 불이익을 당하게 되고, 모두가 최선의 이익을 보게 되는 전략은 구조적으로 선택될 수가 없는 까닭에 딜레마가 생겨난다. 결국 한 개인으로서는 합리적인 선택이라고 해도 선체적으로는 비합리석인 선택일 수밖에 없다는데 이 딜레미의 곤경이 있다.

이러한 딜레마는 종교에도 성립될 수가 있어 이를 '종교의 딜레마' 라 부른다.

중국이 오랜 역사를 지녔으면서도 그동안 후진국이었던 이유가 성(城)만 쌓을 줄 알았지 도로를 뚫지 않았음을 뒤늦게 알고 도로망을 갖추기에 여념이 없다. 인류의 문명과 종교가 자기의 성만 쌓는 일을 중지하고 타문명, 타종교, 타가치와의 건강한 교류에 관심을 가질 시점이다.

인간(人間)은 문자의 뜻대로 출발부터 옆에 인간이 있었기에 인간이다. 모든 법률과 종교와 제도 이전에 인간이 있었다. 이제 다시 원시적

풍경으로 돌아가려는 시점에서 우리는 신, 자연, 타인에 대한 타자성을
존중하는 공존의 이념을 모든 가치의 핵으로 삼아야 할 것이다.

　　"산에는 한 가지 나무만 나지 아니하고
　　들에는 한 가지 꽃만 피지 아니한다.
　　여러 가지 나무가 어울려서 위대한
　　삼림의 아름다움을 이루고
　　백 가지꽃이 섞여 피어서
　　봄 뜰의 풍성한 경치를 이룬다."
　　－김구의 〈나의 소원〉 중에서－

에필로그

나날이 인간 불가침의 영역들이 벗겨지면서 신성의 영역으로 우리를 붙잡고 있던 패러다임들이 속속 균열을 보이고 있다. 그 균열을 봉합해서 안주하려고 하는 흐름도 무시할 수는 없으나 그 상태를 지속하다가는 전체가 붕괴될 수 있다.

점점 빠른 속도로 실리콘 칩이 지구의 구석구석을 채워갈 것이고 정보의 유통과 기술의 혁신 속도는 더욱 빨라질 것이다.

지구 정보 사회는 시·공간을 초월해 다양한 그룹 워크(group work)가 가능해 시골의 전자화된 집(electronic cottage)에서 대부분의 일을 다 처리하며 사는 도시적 시골사람(urban villager)이 많아진다. 곧 생물의 유전 정보가 완벽히 파악이 되고 조절이 가능해지면서 천형으로 여겼던 유전병이 근절되며 인간의 수명도 획기적으로 늘어나고 인체도 하나의 기계 부품처럼 수시로 교체가 가능해진다.

더 나아가 생물학에 화학이나 물리학, 수학, 그리고 정보 처리학들이 접목되면서 '바이오로지컬 엔지니어링'(biologycal engineering) 이라는 학문이 시작되고 있으며, 결국은 프린스턴대학 리 실버 교수의 예측대로 실리콘 생명체가 탄생하면서 생물학적 인종과 연구소 출신 인종이 구분될 것이다.

위와 같은 삶의 환경은 필연적으로 기존 패러다임의 변화를 촉구한다. 지난 원시 사회에서는 풍요 다산을 추구했다면 이어 산업혁명이 일어나면서 나타난 공업 사회는 엔진과 에너지를 바탕으로 중후장대를 지향했다. 이때의 패러다임은 표준화·집중화·거대화로 요약할 수 있다. 또한 동일한 가치관 속에서 자기를 절제하며 문화를 수동적으로 향유(표준화)했으며, 권력이 집중되어 계층적 질서 속에서 공동체에게 충실하도록 요구(집중화)받았으며 소유가치가 중요시(거대화)되었다.

그러나 정보화 사회에 들어서면서는 컴퓨터와 집적회로(IC)가 경박단소를 요구하면서 이미지네이션과 컨셉트를 바탕으로 하는 '가상무한(假想無限)'을 추구하게 된다. 이때의 패러다임은 다원화·분산화·소규모화로 요약할 수 있다. 또한 이질지향의 가치관 속에서 자기를 해방하며 문화를 생산 소비(다원화)하게 되며, 권력이 분산되어 수평적 질서 속에서 개인의 창의성을 요구(분산화)받으며 효용도가 우선시되어 민족 공동체보다는 동호인 공동체가 중요(소규모화)하게 된다. 여기에 인간의 단성 생식도 가능해지면서 기존 가정의 개념이 위협받게 된다. 동성애자들도 애를 갖으려 할 것이며 많은 여성들은 결혼을 포기하거나 혼자 살면서 늦게 애를 갖게 된다.

지나온 세기 동안 종교나 여러 가치들이 본래의 무게보다도 훨씬 가볍게 여겨진 것은 무엇보다도 그 진리를 소개하며 설득해 가는 과정에 있었다. 원래가 신이나 진실 등은 효율성, 헤게모니 다툼, 마케팅과는 거리가 먼데도 정반대의 방식을 통해 접근함으로서 인류에게 곡해되었고 그 본래의 의미마저 사라질 위기를 맞고 있다.

21세기에 펼쳐지는 파노라마는 일찍이 경험해 보지 못한 가상 공간이 일상화되면서 시공간을 초월한 의사 소통이 원활하게 이루어지는 것처럼 보이나 그 가상 공간은 현실 공간과 달리 철저히 익명성이 보장되며 천(千)의 얼굴이 가능하기 때문에 고정적인 자기의 정체성마저 해체해 버린다.

산업화 시대에는 이기주의로 인한 타인과의 심리적 단절이 문제였다면, 이제는 서로부터의 단절과 함께 현상적 자아가 자아의 본질과도 소외를 느낀다. 모든 가치 체계가 해체되고 자아마저도 파편적 분열을 일으키며 기존의 진리에 공허감을 느낀다.

이제 생명의 창조시대에 접어들면서 과연 절대적 진리를 어떻게 인식할 수 있을까?

어떻게 전달하고자 하는 소중한 자산이 굴절됨이 없이 전달될 수 있을까? 이 물음에 대한 대답은 단정적인 하나의 정답으로 주어지는 것이 아니다. 오히려 시대적인 사조에 절대적 가치를 혼합해왔던 발자취를 반성하는 자리에서 그 해답이 자연스레 주어진다. 여기서 우리는 일시적인 현상이나 개념에 매이지 말고 자유로운 정신의 드높은 공간으로 나아가야 한다는 점으로 수렴된다.

이처럼 기존의 패러다임이 완전히 뒤바뀌면서 기존의 교리들도 카오스화되어 가고 있다. 과학은 천부적이었던 재능을 수여하게 되며 기존의 생명을 재생시키는 것은 물론 생명 창조까지 시도하고 있다. 영혼에 대한 정의가 혼동되고 하나님의 은사(Talent) 개념이 모호해지며 종교나 인문학이 추구해왔던 콘스탄티즘이 흔들리게 되었다. 중세기처럼 더 이상 특정 종교의 진술이 보편 타당성을 띠고 지배 담론을 형성하기 어렵게 되어가고 있다.

그러나 분명한 것은 신의 존재를 논증해 납득시키기 어렵다해서 신의 문제가 없어지는 것은 아니다. 오히려 세계를 대상화하고 물상화한 근대성의 오류가 인간 생활 세계와 자연 생태계를 파괴하는 것을 지적하면서 새로운 해탈의 틀로서 과학과 종교의 영역을 분명히 하고 삶의 정세(政

勢)에서 오는 궁극의 경험과 개별적 존재 양상을 전체로 포괄하는 존재의 기반 그 자체를 드러내며 현대 사조가 밝혀주는 범경험주의를 그 기반으로 종교적 가능성을 삼을 수 있다.

그 기반 위에 세우는 가치론적 중심으로는 시공을 초월해 인류공동체의 공존에 필수적인 자유와 사랑, 그리고 책임을 최소한의 도덕으로부터 종교와 윤리적 합의의 도출을 모색하였다.

이와 같은 새로운 패러다임은 새로운 인식 작업을 요구한다. 그동안의 시장성(市場性) 추구에서 본래성을 회복하기, 자기 중심과 타인 무시의 심리적 장벽 없애기, 가르침과 행동의 피드백 등을 새로운 시대의 설득 행위로 제시하였다.

근원으로 돌아가라는 르네상스의 모토는 생명 창조의 르네상스인 지금 또 필요하다. 이 요구를 외면해 버리면 어떤 정통 종교도 존립 자체가 흔들릴 수밖에 없다. 인간 자율의 능력이 극대화되어 개체의 주체성이 어느 때보다도 강화되고 있음에도 단순히 신앙이라는 이름으로 사실과 배치되는 전통의 교리들을 수용하기를 강요했다가는 소수 종교로 전락해 버린다.

그럼에도 농경 사회와 산업화 시대에 적용하였던 논리의 방식을 정보화 사회에 적합하도록 변화에 전혀 대처하지 못하고 오히려 전통의 세계관과 맞지 않음을 내세워 변화에 대해 비판만을 하고 있음을 본다. 작은 차이를 넘어서 바른 본질의 회복을 위해 모두가 역량을 모아 미래 사회에서의 마땅한 변화의 공통 분모를 모색할 때이다.

우리의 어려움은 과학적 변화에 대한, 지적·신앙적 변호의 어려움보다도 태도 변화의 어려움에 있다. 물리학의 변화와 인문 사회 과학의 변화는 상용(常用) 관계에 있기 때문에 얼마든지 지성적 변호는 가능하겠지만 문제는 앞으로의 수용자들은 그럴듯한 변론보다는 행동의 변론을 요구한다는 것이다. 따라서 극복되어야 할 것은 소중하다고 가르치는 원리를 사변에서 행동화하지 못하는 의지의 어려움(the resistant)이다

유럽에서 교회가 비어가고 있는 이유를 '중세 이후 교회가 호화롭게 생활하며 성경과는 다른 삶을 산다는 것을 사람들이 인식하기 시작' 하면서라고 한다. 이제는 한국의 모든 종교와 더불어 자주 매체를 통해 '지도자연' 하는 사람들이 대중을 향해 외치는 이야기와 개인의 삶이 근사치를 보여줄 때이다.

그동안 많은 경우, 한국 종교는 산업 사회와 자본주의의 속성을 여과 없이 받아들여 크고 부유한 것은 신의 축복이요, 작고 가난한 것은 신의 저주라고 가르침으로서 '말씀' 대신 '빵' 이 종교의 작동 원리였다. 많이 모아서 내부적으로 충분히 사용한 다음, 남는 것을 주고, 또 더 모으기 위해서 전력 질주하는 종교가 아니라 처음부터 유·무형의 자산을 나눔으로서 그 존재 양태를 추구하여야 할 것이며 이는 단순히 신도들에게만 요구할 일이 아니라 지도자가 먼저 투명한 자기 비움의 삶을 사는 살아 있는 종교여야 할 것이다.

생명 공학과 정보화 시대에는 인간 공동체로서의 게마인샤프트는 더욱 극소화되면서 이익 사회로서의 게젤샤프트는 점점 극대화된다. 점점 원자화되는 인류를 향해 종교는 '세상이 주지 못하는 기쁨' 을 주는 존재를 줄 때에 비로소 해탈의 가능성이 열리는데 그것은 오직 총체적 관계 속에서 인간 실존의 의미를 강조할 때에만 가능하다.

이제 역사 속에서 고등 종교가 해체되어 갈 것인가 해탈로 다시 사회 통합의 구실을 감당할 것인가는 전적으로 종교의 태도에 달려 있다.

참고문헌

Cornish, Edward. *The Study of the Future, An instrution of Art and Science of Understanding and Shaping Tommorows world.* Future society, 1983.

Coupland, Douglas. *Life After God.* Pocket Books, 1994.

Curran, Charles E. *Politics · Medicine and Christian Ethics.* Fortress press, 1973.

Derrida, Jacques. *Writting and Difference, trans by Alan Bass.* London & kegan paul, 1978.

Foucault, M. *Discipline and Punish:Birth of the Prison,trans.A sheridon.* New York: Vintage Books, 1979.

Griffin, David. *God and Religion in the Postmodern World.* Suny, 1989.

      Varieties of Postmodern Theory. Suny, 1989.

Harris,Maria. *Teaching and Religious Imagination.* Harper & Low, 1987.

Kuhn,Thomas. *The Structue of Scientific Revolutions.* Chicago, 1962.

Lindbeck,G. *The Nature of Doctrine.* Philadelphia: Westminster, 1984.

McLuhan, M.&.Powers, B. *The Global Village:Transformations in World life and Media in the 21st century.* Oxford press, 1998.

Boia, L. 『상상력의 세계사』. 김웅권 역. 동문선, 2000.

Cook-Deegan, Robert. 『인간 게놈 프로젝트』. 황현숙 · 과학세대 역. 민음사, 1994.

Cupitt, Don. 『신 그 이후』. 이한우 역. 해냄, 1999.

Deleuze, Gilles. 『앙띠 오디푸스』. 최명관 역. 민음사, 2000.

Dertouzos, M L. 『21세기 오디세이』. 이재규 역. 한국경제신문사, 1997.

Druker, P. 『The new Realities』. 김용국 역. 시사영어사, 1993.

      『Managing the Nonprofit organigation』. 한영하 역. 한국경제신문사, 1994.

Eliade, M. 『성과속』. 이은봉 역. 한길사, 1998.

Ellul, Jacques. 『뒤틀려진 기독교』. 쟈크 엘룰번역위원회. 대장간, 1992.

Ernesto and Chantal Mouffe. 『사회변혁과 헤게모니』. 김성기 외. 도서출판 터, 1990.

Fromm, Erich. 『희망의 혁명』. 이극찬 역. 현대사상사, 1986.

　　　　　『자유에서의 도피』. 이상두 역. 범우사상신서, 1998.

Gonzalez, Justo. 『기독교 사상사』. 이형기 · 차종순 역. 한국장로교출판사, 1994.

Harris, M. 『문화의 수수께끼』. 박종렬 역. 한길사, 2000.

Heidegger,M. 『현상학의 근본문제들』. 하이데거 전집 24권. 이기상 역. 문예출판사, 1994.

Huntington, Samuel P. 『문명의 충돌』. 이희재 역. 김영사, 1990.

Kerney, R. 『현대 유럽철학의 흐름』. 임헌규 외. 한음, 1992.

Matthews, Eric. 『20세기 프랑스 철학』. 김종갑 역. 동문선, 1999.

Maynard, H. & Mehrtens, S. 『제4물결』. 한영환 역. 한국경제신문사, 1995.

Moltmann,Jurgen. 『창조 안에 계신 하나님』. 김균진 역. 한국신학연구소, 1991.

Nasbitt,John. 『Global Paradox』. 정호송 역. 한국경제신문사, 1994.

　　　　　『메가트렌드 2000』. 김홍기 역. 한국경제신문사, 1997.

Niebuhr,Reinhold. 『기독교 윤리학』. 노진준 역. 은성, 1992.

Niebuhr,Richard. 『그리스도와 문화』. 김재준 역. 대한 기독교서회, 1990.

Norberg,Helena. 『오래된 미래』. 녹색평론사, 1999.

Ogden, Frank. 『미리 가 본 세계』. 정영문 역. 매경, 1995.

Piepper, A. 『현대 윤리학 입문』. 진교훈 · 유지한 역. 철학과 현실사, 1999.

Rifkin, Jeremy. 『노동의 종말』. 이영호 역. 민음사, 1996.

Rushkoff, Douglas. 『카오스의 아이들』. 김경기 · 김수정 역. 민음사, 1997.

Silver, L M. 『리메이킹 에덴』. 하영미 · 이동희 역. 한숭, 1998.

Suman, H. 『세계화의 덫』. 강수돌 역. 영림 카디널, 1997.

Tillich, Paul. 『새로운 존재』. 강원용 역. 대한기독교서회, 1994.

Toffler, Alvin. 『권력이동』. 이규행 역. 한국경제신문사, 1998.

　　　　　『제3의 물결』. 김진욱 역,(범우사.1992.

Tompson, Damian. 『종말』. 이종인 · 이종아 역. 푸른숲, 1999.

Wright, R. 『신앙의 눈으로 본 생물학』. 권오식 역. IVP, 1995.

なかむろ ゆじろ. 『21세기 문제군』. 이지원 역. 푸른숲, 1996.

さえき けいし.『이데올로기와 탈이데올로기』. 이은숙 역. 푸른숲, 1996.
うえだ のりゆき.『종교의 위기』. 양억관 역. 푸른숲, 1999.

강재륜.『철학』. 일신사, 1986.
강희천.『기독교 교육사상』. 연대출판부, 1993.
권명아『가족 이야기는 어떻게 만들어지는가』. 책세상, 2000.
권덕주.『중국의 유가와 도가』. 동아출판사, 1993.
김균진『생태학의 위기와 신학』. 대한기독교서회, 1991.
김동구『교육 철학』. 문음사, 1994.
김명자『변혁의 시대 어떻게 살 것인가』. 백산서당, 1998.
김성기『패스트푸드점에 갇힌 문화 비평』. 민음사, 1996.
김용정『기술 정보화시대에 있어서 인간의 의미』. 정신문화연구원, 1995.
김유태 외『21세기 인간과 공학』. 고려미디원, 1995.
김태길 외『어떻게 살것인가』. 백산서당, 1998.
김하태『자아와 무아』. 연대출판부, 1980.
남덕우『세계화의 도전과 한국의 대응』. 나남출판사, 1996.
맹용길『기독교와 사회』. 기독교문사, 1986.
목영해『현대 상대주의 철학과 교육』. 교육과학사, 1998.
소흥렬『윤리와 사고』. 이대출판부, 1992.
오인탁 외『기독교 교육론』. 대한기독교교육협회, 1995.
오덱섭『정보 사회의 미래 목회세미나』. 미래사회연구소, 1997.
이계준『현대 선교신학』. 전망사, 1994.
이상인『트렌드를 읽으면 미래가 보인다』. 푸른산, 1994.
정승덕『불교 해설사전』. 민족사, 1989.
장회익『과학과 메타 과학』. 지식산업사, 1990.
장회익『삶과 온 생명』. 솔, 1998.
정진홍『종교문화의 인식과 해석』. 서울대 출판부, 1996.
최인식『미래 교회와 미래 신학』. 대한기독교서회, 1997.
        『다원주의 시대의 교회와 신학』. 한국신학연구소. 1996.
한용운『불교 대전』. 현암사, 1989.
함석헌『한국 기독교의 오늘날 설 자리』. 한길사, 1983.

황준엽.《시사저널》, 453호
황두현『정보화에 대한 새로운 개념』. 정보사회연구, 1998.

강내희. "언어와 변혁" 문화과학, 1992년 겨울호.
김수진 외. 과학-생명탄생의 시나리오. 계몽사, 1999년 1월
박창환. "모델로서의 21세기 교회, 신학과 세계" (1995년 제 13집)
심국조. "혼돈과학". 철학과 현실,(1994년 겨울호)
신극범 외. "고도 정보화시대의 한국교육의 과제" 교육학 연구, (1996년 vol.34)
안석모. "질병과 죽음의 실천신학" 신학과 세계,(1996년 제 32권)
이승훈. "세계화 논리와 그 위험성" 연세,(1998년 여름)
이어령 외. "21세기 정보화 사회의 마인드" 기독교 사상,(1996년 6월)
윤선희. "정보화 사회의 권력과 커뮤니케이션" 언론과 사회.(1995년 8월)
장왕식. "현대 신학의 과제" 신학과 세계, (1996년 봄)
정진홍. "종교와 과학" 아카넷, 대우학술 총서(2000년 봄)
추광영. "철학과 현실" 철학 문화 연구소,(1997년 가을)
역사학회 편. 역사상의 국가권력과 종교(2000. 제 2집)

Solomon Mandelken, Concordiantae, Tel-Aviv, 1971.